3·1운동의 불씨,
독립 선언서를 지켜라!

글 이기범·김동환
그림 윤정미

사계절

머리말

100년 전의 함성을 기억해요

3·1운동 100주년의 새로운 의미

1918년은 고려가 건국한 지 천 년이 되던 해였습니다. 그러나 그해에 우리는 고려의 건국을 기념하지 못했습니다. 일본의 식민 지배를 받았기 때문이죠. 우리 역사를 마음껏 기념하지 못한 뼈아픈 기억은 그 뒤로 다시 100년이 지난 2018년에야 고려 건국 1100주년이라는 이름의 행사로 달랠 수 있었습니다.

그리고 2019년이 되어 우리는 또 하나의 역사적인 기념일을 맞이했습니다. 바로 일제 강점기 최대의 민족적 저항인 3·1운동이죠.

2019년은 3·1운동이 일어난 지 정확히 100년이 되는 해입니다. 한반도 전체가 독립의 함성과 의지로 가득했던 1919년 기미년! 다행이라 할까요, 우리의 기념을 방해할 일제 강점기는 벌써 오래전에 끝났습니다. 게다가 얼어붙었던 남북한 관계도 점차 풀려 100년 전 그때처럼 남북이 함께 3·1운동의 기억을 되살리고 기념하게 되었습니다.

사실 지난 100년 동안 우리는 너무나 가슴 아픈 역사를 겪었습니다. 3·1운동 이후 1945년 8·15해방까지 일제의 탄압에 맞서 무려 26년을 싸웠습니다. 해방 후에도 기다리던 미래는 오지 않았습니다. 좌익과 우익

의 이념 대결, 남북한 각각의 정부 수립, 같은 민족끼리 서로에게 총을 겨눈 참혹한 6·25전쟁, 그리고 끝날 것 같지 않던 분단과 증오까지, 비극의 역사는 계속되었습니다.

  그러나 이제는 3·1운동 100주년을 맞이해 우리 민족이 하나가 되었던 1919년 그날의 마음으로 돌아가 다시 한 번 함성을 지를 수 있게 되었습니다. 3·1운동 100주년의 의미란 바로 그것이 아닐까요? 독립의 구호를 평화와 통일의 구호로 바꾸면 될 일이지요.

3·1운동은 어디에나 있었다

  지은이들은 3·1운동 100주년을 스스로 기념하기 위해 지난 2018년 한 해 동안 특별한 계획을 진행했습니다. 여기에는 고등학생인 규연, 아림, 혜원, 하은이, 중학생 친구들 수빈, 가영, 률, 세아, 승린, 형원, 혜인, 휘모 그리고 재능기부 활동 단체 '몽이네 예나눔'의 신동현 선생님이 함께했습니다.

  우리는 3·1운동이 일어난 장소를 다달이 직접 답사해 보기로 했습니다. 서울의 탑골공원과 서대문형무소역사관을 시작으로 천안의 아우내 장터와 유관순 생가, 영동의 독립군나무, 대구의 3·1운동 계단, 안동의 내앞마을, 밀양, 곡성, 남원, 임실, 군산, 의정부, 부산 구포역과 광주의 양림동, 하갈 이남에서 피흐고 민새가 흘러 버신 군산, 북쪽 끝 강원도 철원, 그리고 일본과 중국 상하이까지…….

3·1운동이 책 속에만 있지 않음을 우리는 눈으로 직접 확인할 수 있었습니다. 전라북도 임실 오수면에서 만난 갈비탕집 주인은 자신의 집안이 3·1운동 독립 유공자 집안이라고 자랑스레 말씀하셨지요. 또 우리는 임시 정부 요인들이 열정을 품고 섰던 자리에서 같은 마음으로 사진도 찍어 보았습니다.

이 책은 2018년 3월 1일 우리가 첫 답사지인 탑골공원에 갔을 때 마음속에서 태어났습니다. 그리고 지금 세상에 나왔지요. 지은이는 어린이 여러분이 이 책을 읽고 3·1운동의 역사를 찾아 서울, 부산, 광주, 천안, 양양 등 전국을 누비기를 바랍니다. 또한 이 책이 그날의 뜨거운 함성을 만나는 길잡이가 된다면 좋겠습니다. 그러면 우리가 함께 읽는 이 책이 3·1운동 100주년에 새로 쓰는 우리의 독립 선언서가 될지도 모르니까요.

2019년 3·1운동 100주년을 맞으며
지은이 이기범, 김동환

❙3·1운동 전후의 태극기 유물을 보면 흰 바탕에 태극문양과 사괘를 넣은 방식이 저마다 조금씩 다릅니다. 그래서 이 책에서는 지금 사용되는 태극기를 기준으로 삼아 그림을 그렸습니다.

차례

머리말
100년 전의 함성을 기억해요 • 2

1장
식민지에 불어온 독립의 바람 • 7

2장
독립으로 향하는 움직임들 • 23

3장
탑골공원에 울려 퍼진 대한 독립 만세 • 45

4장
독립 선언서와 함께 전국으로 퍼진 만세의 물결 • 63

5장
세계를 뒤흔든 한민족의 목소리 • 113

6장
대한민국 임시 정부의 탄생 • 133

맺음말
통일을 위한 새로운 만세를 부르자 • 148

1장
식민지에 불어온 독립의 바람

"각 민족은 자신의 미래를 스스로 결정할 권리가 있다"

**윌슨 대통령,
민족 자결주의를 주장하다**

1차 세계 대전이 막바지로 치닫던 1918년 1월, 독일에 맞서 연합국을 이끈 미국의 대통령 윌슨은 새해 연설을 위해 미국 의회에 섰습니다. 미국의 참전으로 전세가 연합국 쪽으로 기울었기에 미국 대통령의 연설에 모든 이들의 관심이 집중되었습니다. 분명 연설에는 전쟁을 끝내고 세계에 평화를 가져올 중요한 메시지가 담겨 있으리라 생각했기 때문입니다. 이 자리에서 윌슨은 14개 조의 선언문을 발표했는데, 상·하원 의원과 전 세계 기자들은 조항이 하나씩 발표될 때마다 웅성거렸습니다.

1조. 강화 조약은 공개적으로 진행되고 또 공표되어야 한다. 그 체결 이후에는 어떠한 종류의 비밀 회담도 있어서는 안 된다. 외교는 항상 솔직하고 공개적인 방식으로 진행되어야 한다.

"놀라운걸. 비밀 회담을 반대하는 것을 보니 러시아 혁명파 들이라고 하는 이야기야."

한 미국 기자가 이야기를 꺼내자 옆에 있던 영국 기자가 맞장구쳤습니다.

"맞아. 소문을 들어 보니 러시아 혁명을 이끄는 레닌이 독일에 땅을 내주고 전쟁에서 빠지기로 했다며? 다 된 전쟁에 코 빠뜨리려는 수작이지 뭐야."

"그래 봐야 소용없어. 이미 전쟁은 연합국의 승리가 확실해. 그보다도 러시아가 강대국들 간의 전쟁에 끼어들 필요가 없다며 식민지 국가들을 부추기니, 윌슨 대통령은 그게 더 걱정돼서 저런 조항을 발표했을 거야."

　윌슨 대통령은 이어서 항해와 무역의 자유를 주장하고 각 나라가 함께 군사력을 줄일 것 등의 조항을 발표했습니다. 그리고 식민지 영토 조정에 관한 내용을 담은 조항을 발표했습니다. 특별히 5조에는 식민지도 외부의 간섭 없이 주민들의 뜻에 따라 자신의 미래를 스스로 결정할 수 있

다는 '민족 자결주의 원칙'이 담겨 있었습니다.

> 5조. 식민지에서 주권의 문제는 정부뿐 아니라 주민들의 뜻도 똑같이 중요하다. 모든 식민지 문제는 이 원칙을 엄격히 지키면서 자유롭고 열린 자세로, 완전히 공평하게 처리해야 한다.

> 13조. 독립된 폴란드인의 국가가 수립되어야 한다. 독립 국가 폴란드는 분명하게 폴란드 주민이 거주하는 영토를 소유하며, 바다로 자유롭고 안전하게 나갈 수 있는 통로를 보장받을 것이다. 또한 국제 협약에 따라 폴란드의 정치적·경제적 독립과 영토 보전을 보장해야 한다.

독일의 식민지였던 폴란드의 독립과 자유를 지지하는 13조처럼, 6조를 비롯한 대부분의 조항도 5조의 원칙에 따라 1차 세계 대전 패전국(독일, 오스트리아, 오스만 제국 등)이 지배했던 식민지의 독립과 영토 보전을 지지하는 내용을 담았습니다.

윌슨 대통령의 발표를 듣던 중국 기자는 분통을 터뜨렸습니다.

"역시 철저하게 자기들 입맛대로만 결정하는군. 유럽의 식민지 국가들 이야기밖에 없어. 아시아의 약소국가들은 어쩌란 말이야!"

"나는 패전국의 식민지를 영국과 프랑스가 다 가져갈까 봐 미국이 신경 쓰는 것처럼 보이는데?"

중립국인 스페인의 기자가 말했습니다. 기자들의 대화가 이어지는 동안 윌슨 대통령은 마지막 조항을 발표했습니다.

14조. 강대국과 약소국 구별 없이 정치적 독립과 영토 보전을 서로 보장할 목적으로 특별한 규약 아래 전체 국가의 연맹체가 결성되어야 한다.

마지막 14조는 평화 체제를 유지할 국제기구 창설에 관한 것이었습니다. 미국 기자들은 과연 열강들이 욕심을 버리고 평화를 유지하기 위한 국제기구를 만들 수 있을지 의문을 품었습니다. 그럼에도 이 새해 연설은 전 세계에 큰 영향을 끼쳤습니다. 전쟁이 끝나 가면서 조항에 언급된 나리는 물론 그렇지 않은 나라들도 자기 나라에 더 유리한 방안을 찾기 위해 서둘렀습니다.

**영국과 프랑스의
먹잇감이 된 패전국**

그해 11월, 예상대로 1차 세계 대전은 연합국의 승리로 끝났습니다. 1919년 1월에는 전후 문제를 처리하기 위해 프랑스 파리에서 회의가 열렸습니다 파리 강화 회의. 미국, 영국, 프랑스 등 승전국이 중심이 된 강화 회의에서 미국 대통령 윌슨이 발표한 '14개조'는 중요한 의제였습니다.

미국은 자신이 전후 문제를 해결하고 세계를 이끄는 나라가 되고 싶었지만 영국과 프랑스의 방해로 뜻을 이루지 못했습니다. 오히려 회의는 영국과 프랑스가 주도했으며, 전쟁을 일으킨 독일에 대한 복수가 펼쳐졌습니다. 그리하여 독일이 가진 식민지뿐 아니라 독일의 영토 일부를 빼앗기로 하고, 같은 민족인 오스트리아와 합치는 것마저 금지했습니다. 군사력도 제한하고 엄청난 금액의 전쟁 배상금을 물리기로 결정했습니다. 독일 제국은 완전히 해체되고 말았습니다.

패전국이 차지했던 헝가리 같은 나라들은 민족 자결의 원칙에 따라 독립을 얻었습니다. 그러나 그것은 겉치레에 불과할 뿐, 실제로는 영국과 프랑스의 명령을 들을 수밖에 없었습니다.

그런데 이 와중에 승전국들이 예상치 못한 일이 벌어졌습니다. 유럽 이외의 식민지 국가와 약소국이 독립을 주장하는 대표단을 꾸려 파리 강화 회의에 나타난 것입니다. 여기에는 조선 대표단도 있었습니다.

**한국 독립의 뜻을
전 세계에 알리다**

1차 세계 대전이 끝나 가던 1918년 8월, 여운형을 비롯한 조선 청년 6명이 중국의 상하이에서 신한청년단이라는 독립운동 단체를 만들었습니다.

"몽양여운형 선생님, 소식 들으셨습니까? 유럽에서 드디어 전쟁이 끝났답니다. 이제 우리 신한청년단은 어찌해야 할까요?"

"마침 이곳 상하이에 미국 대통령의 특사 크레인이 온다고 하니 그를 만나 민족 자결주의에 대해 물어봐야겠소. 그리고 우리가 대표단을 꾸려 파리 강화 회의에 보낼 수 있는지도 말이오."

크레인을 만나고 돌아온 여운형은 부랴부랴 회의를 열었습니다.

"크레인을 통해 미국 대통령에게 우리 독립을 도와달라는 청원서를 전달해야겠습니다. 그리고 파리 강화 회의에도 대표를 파견해 독립을 열망하는 우리 민족의 뜻을 전합시다."

파리 강화 회의에는 외국어 능력이 뛰어난 김규식을 한국 대표로 파견하기로 했습니다. 김규식은 이듬해 2월 1일 배를 타고 파리로 떠났습니다. 신한청년단은 일본 유학생들과 국내의 독립운동가, 종교 지도자, 학생 대표들에게 밀사를 보내 이 사실을 알렸습니다.

3월 13일 파리에 도착한 김규식은 곧바로 한국민대표관을 설치하고

강화 회의에 독립 청원서를 제출했습니다. 이 사실을 안 일본은 대표단을 방해했고, 프랑스·영국·미국 등 강대국들은 독립 청원에 무관심했습니다. 파리 강화 회의에서 문전박대를 당한 것은 한국 대표단만이 아니었습니다. 호찌민이 주장한 베트남의 독립도, 중국이 주장한 산둥반도의 권리 회복도 거절당했습니다. 호찌민은 회담장 복도에서 쫓겨났고, 중국은 영국과 프랑스의 도움을 받은 일본에 산둥반도의 여러 도시를 빼앗겼습니다.

김규식은 크게 실망했지만 포기하지 않았습니다. 뒤이어 도착한 미국인 헐버트, 이관용, 여운홍 등과 힘을 모아 한국 독립의 정당성을 알리는 홍보물을 만들었습니다. 그들은 각 나라 대표단과 언론사, 파리 시민들에게 홍보물을 열심히 나누어 주며 전 세계에 우리 민족의 뜻을 알렸습니다.

대표단이 파리에서 활동하는 동안 국내에서는 어마어마한 독립운동의 물결이 일어났습니다. 바로 3·1운동입니다. 강대국의 힘이 아니라 우리의 힘으로 독립을 되찾고자 하는 한민족의 열망이 터져 나온 것입니다.

"강한 나라가 약한 나라를
지배하는 것은 당연하다!"

제국주의 시대가 오다 '제국주의'는 힘으로 여러 나라를 정복해 식민지로 만들어 거느리는 것을 말합니다. 이 말은 원래 나폴레옹이 유럽을 통일해 로마와 같은 대제국을 만들려던 시도를 비난하기 위해 쓴 말입니다. 이 표현은 영국 신문 《데일리 뉴스》의 1870년 6월 8일 기사에 처음 등장했습니다. 이때만 해도 제국주의라는 말에는 전쟁을 일으켜 다른 나라를 힘으로 지배하려는 국가를 향한 비난이 담겨 있었습니다.

그런데 겨우 10년 만에 '제국주의'는 강한 힘과 부유함을 바탕으로 국제 사회를 이끌어 가는 나라라는 자부심이 담긴 말로 변했습니다. 영국인들은 스스로를 제국주의 국가라 부르기를 좋아하기까지 했습니다. 영국의 철학자 스펜서는 한술 더 떠서, 강한 나라가 약한 나라를 지배하는 것은 인류의 발전을 위한 당연한 과정이라고 주장했습니다. 이를 '사회 진화론'이라 하는데, 19세기 말 유럽과 미국에는 이런 생각이 점점 널리 퍼졌습니다.

영국·프랑스·미국처럼 군사력, 경제력, 정치 외교력이 강한 나라들은 강대국이 되었습니다. 강대국의 지배를 받거나 영향을 받는 나라들은 약소국이라 불렸습니다.

**아편 전쟁,
제국주의의 맨얼굴을
보여 주다**

열강여러 강대국은 앞다투어 약소국을 침략해 식민지로 만들었습니다. 아프리카가 첫 번째 희생양이 되었고, 아시아가 그다음이었습니다. 열강을 대표하는 영국과 프랑스는 아시아에서 서로 더 많은 식민지를 차지하기 위해 군사력과 경제력을 총동원했습니다. 인도와 미얀마·말레이시아는 영국의 식민지가 되었고, 베트남·캄보디아·라오스는 프랑스의 식민지가 되었습니다. 열강들은 미개한 나라에 문명을 전파한다는 거짓 구호를 외치며 식민지의 자원을 약탈하고 자기 나라 물건을 비싼 값에 강제로 팔았습니다. 영국과 프랑스는 식민지의 고통 위에 올라서서 번영을 누렸습니다.

열강 세력이 아시아에서 가장 무역을 하고 싶어 한 나라는 중국이었습니다. 세상에서 가장 넓고 부유한 곳이자 가장 많은 인구가 사는 나라. 종이, 나침반, 화약, 인쇄술 등 인류 문명의 발전에 기여한 4대 발명품을 만든 나라. 도자기와 비단 같은 진귀한 물품으로 가득한 중국이야말로 최고의 무역 상대였죠. 식민지에서 빼앗은 원료와 노동력으로 만든 상품을 중국에 가져다 팔면 엄청난 이익을 낼 수 있다 생각했습니다.

그러나 전 세계에 숱한 식민지를 둔 영국조차도 중국과의 무역에서는 자꾸 손해만 볼 뿐, 팔아서 이익을 챙길 수 있는 물건이 없었습니다. 결국 영국은 비밀스럽게 아편이라는 마약을 팔기 시작합니다. 중국에 아편

중독자가 늘면서 영국은 점점 무역에서 이익을 냈습니다. 청나라는 그 사실을 알고 아편을 모두 빼앗아 불태워 버렸습니다.

이 사건을 두고 영국 의회에서는 갑론을박이 벌어졌습니다.

"중국에 있으면서 중국의 법을 지키지 않는 외국인을 중국 정부가 처벌하는 게 무슨 잘못입니까? 그들은 중국의 법을 어긴 영국인일 뿐입니다."

"중국인들은 자랑스러운 우리 영국의 깃발을 보고도 감히 우리 배를 뒤지고 건물에 함부로 들어갔으니, 이것은 영국 국기에 대한 모독이며 나아가 우리 영국과 영국인에 대한 모욕입니다. 국가적인 모욕에 전쟁을 벌이는 것은 국가의 의무입니다."

"말도 안 됩니다. 솔직히 우리는 다 알고 있지 않습니까? 아편을 보호하기 위해 영국 깃발을 걸어 두었으니 이것은 부끄러운 일입니다. 이를 알면서도 전쟁을 일으킨다면 정의롭지 못할 뿐 아니라 이 불명예를 영원히 씻을 수 없을 것입니다!"

전쟁 찬성 271표, 반대 262표. 겨우 9표 차이로 영국 의회는 전쟁을 승인했습니다. 그리하여 영국 스스로도 역사상 가장 부도덕한 전쟁이라 일컫는 아편 전쟁이 벌어졌습니다.

아편 전쟁은 영국의 일방적인 승리로 끝났습니다. 거대한 청나라의 군사력이 예상보다 훨씬 형편없었기 때문입니다. 청나라가 영국에 패하자 기다렸다는 듯 유럽 열강이 이런저런 구실을 대며 쳐들어가 조약을 맺고 해안가의 여러 도시를 점령했습니다.

제국주의의 길로 들어선 일본

아편 전쟁의 결과를 지켜본 조선과 일본은 큰 충격을 받았습니다. 그 전까지 조선과 일본, 그리고 청나라도 서양의 기술을 받아들이기 위해 노력하긴 했지만 서양의 교육 제도나 사회 체제 등은 제대로 살피지 않았습니다. 기술만 부족할 뿐 나머지 문화나 사상 체계는 동양이 더 뛰어나다고 믿은 탓이었습니다. 그러나 아편 전쟁의 결과로 그 믿음은 깨지고 말았습니다.

그러나 일본은 청나라나 조선과 달리 사회를 전면적으로 개혁하며 바꾸어 갔습니다. 서양의 기술과 문화를 이해하기 위해 유학생과 시찰단을

보내고 교육, 군사, 정치 등 모든 분야에서 서양의 근대적인 방식을 적극적으로 받아들였습니다. 그 결과, 일본은 겨우 10여 년 만에 아시아의 강국으로 거듭났습니다.

일본은 자기 나라의 세력을 키우기 위해 조선을 정복할 계획을 세웠습니다. 1876년 우리나라가 일본과 맺은 최초의 근대적 조약인 강화도 조약이 그 첫걸음이었는데, 이는 일본에 일방적으로 유리하게 맺은 조약이었습니다. 일본은 강대해진 국력을 바탕으로 청일 전쟁1894년에서 청나라를 격파하고 러일 전쟁1904년에서 러시아를 이기면서 유럽 열강에게 인정받는 제국주의 국가가 되었습니다. 일본은 마침내 조선을 식민지로 삼았으며, 미국과 유럽의 열강은 이를 인정했습니다.

1차 세계 대전의 총성이 울리다

유럽의 몇몇 나라들도 일본처럼 뒤늦게 제국주의의 길에 들어섰습니다. 이들은 앞다투어 식민지 쟁탈전에 뛰어들었지만 차지할 땅이 별로 없어서 불만이 컸습니다. 앞선 영국, 프랑스의 식민지 약탈 전쟁으로 더는 빈 땅이 없었던 탓이죠. 이제 남은 길은 서로의 식민지를 뺏는 일, 즉

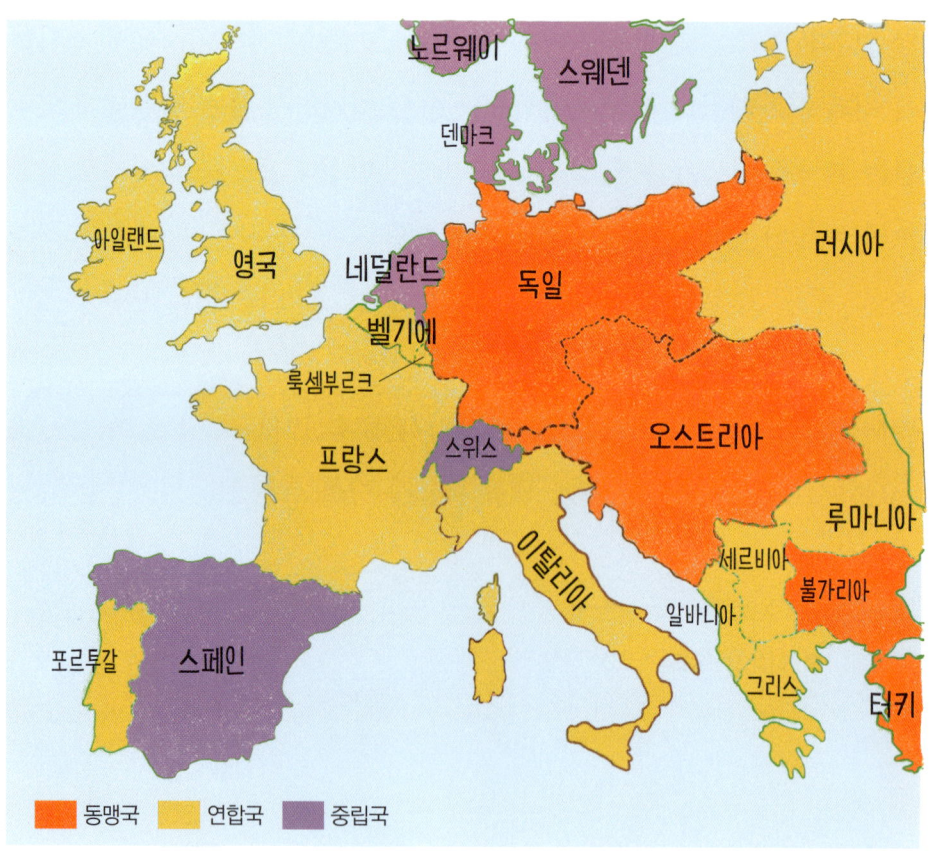

1차 세계 대전 무렵의 유럽 영국·프랑스·러시아(연합국)와 독일·오스트리아·이탈리아(동맹국)가 대결하면서 유럽 전역에 걸쳐 큰 전쟁이 일어났다. 이탈리아는 1915년에 동맹국을 탈퇴하고 연합국에 합류했다.

전쟁뿐이었습니다. 특히 공업화가 늦어지는 바람에 식민지 쟁탈전에서 뒤처진 독일이 몹시 불만에 차 있었습니다.

1차 세계 대전은 이처럼 유럽 열강이 서로 식민지를 빼앗기 위해 벌인 전쟁이었습니다. 겉으로는 국가를 위하고 민족을 위한다는 명분을 내세웠지만, 전쟁이 끝나고 파리 강화 회의가 열리자 모든 것이 분명해졌습니다. 미국 대통령 윌슨이 발표한 민족 자결주의도 영국, 프랑스 등 열강의 지지를 받지 못했습니다. 파리 강화 회의는 패전국의 식민지를 나누어 갖기 위한 승전국들의 잔치가 되었습니다.

그러나 이를 독립을 위한 발판으로 삼을 아주 중요한 기회라고 생각한 사람들이 있었습니다. 놀랍게도 전쟁에 이긴 나라 중 하나인 일본의 식민지, 조선의 젊은이들이었습니다. 그들은 윌슨이 이야기한 민족 자결주의가 모든 식민지에 적용되어야 한다고 주장하며 적극적인 행동에 나섰습니다.

2장

독립으로 향하는 움직임들

제국의 심장에서 독립을 외치다

일본을 배워서, 이기자!   빠른 근대화를 이룬 일본은 우리가 경계할 대상인 동시에 배워야 할 상대였습니다. 특히 1905년 을사조약으로 외교권을 빼앗긴 뒤 뜻있는 사람들은 자기 돈을 들여 일본으로 유학을 떠났습니다. 우리의 국권을 지켜 내려면 실력을 길러 일본에 맞서야 한다는 생각이 널리 퍼졌기 때문입니다. 실제로 1904년 100여 명이었던 일본 내 한국인의 수가 1905년에는 300여 명으로, 1909년에는 800여 명으로 가파르게 늘어났습니다.

처음에는 유학생의 수가 많았지만 일본에 나라를 완전히 빼앗긴 1910년 이후에는 일하기 위해 자발적으로 또는 강제로 일본으로 건너가는 사람들이 많아졌습니다. 3·1운동이 일어난 1919년에는 재일 한인의 수가 무려 2만 8,000여 명까지 늘었습니다.

이런 가운데 재일 한인은 유학생 단체를 비롯한 여러 모임을 만들었습니다. 모임의 이름은 제각각 달라도 재일 한인들의 권리와 친목, 그리고 민족의식을 북돋우는 것이 공통의 목적이었습니다. 을사조약 이후에는 유학생들이 주도해서 적극적인 반일 운동을 펼치기도 했습니다.

"육당최남선, 자네도 이야기 들었나? 이번 모의국회 수업 주제가 '대한 제국의 황제를 일본 귀족으로 대접하면서 일본으로 데려오는 것'이라는 군!"

"네, 선배님. 저도 들었습니다. 이대로 있을 수는 없습니다. 막을 수 없다면 자퇴를 해서라도 우리의 뜻을 보여 주어야 합니다."

도쿄 와세다대학의 한국인 유학생들은 총장에게 항의했지만 받아들여지지 않자, 1907년에는 재학생 70여 명이 실제로 학교를 그만두었습니다. 다른 학교에서도 한국인을 업신여기거나 왜곡된 역사 수업을 하면 단체로 학교 수업에 참석하지 않거나 교장에게 강력히 항의하는 방법을 써서 사과를 받아 냈습니다.

그러나 끝내 일본에 나라를 빼앗기자 각 단체는 어려움에 빠졌습니다. 그 어려움을 이겨 내기 위해 여러 단체가 모여서 1912년 10월 대한조선인유학생학우회를 만들었습니다.

독립 선언서의 탄생 학우회는 유학생이라면 반드시 가입해서 민족의 독립을 위해 노력해야 한다며 입학 환영회와 졸업 축하회, 운동회, 연말 모임, 토론회, 웅변대회 등을 열었습니다. 학생들은 모임을 이어 가면서 조국의 독립을 반드시 이루겠노라 다짐했습니다.

독립의 기회를 기다리며 의지를 다져 가던 학우회에 1차 세계 대전의 끝은 특별하게 다가왔습니다. 전쟁 도중 러시아에서 혁명이 일어나 최초의 사회주의 국가가 탄생하고 미국 대통령 윌슨이 민족 자결주의를 발표하자 우리도 독립할 수 있다는 기대에 부풀었습니다. 이런 분위기 속에 새해맞이 웅변대회가 열렸습니다.

"세상이 변하고 있습니다. 이것은 하늘이 준 기회입니다. 이 기회를 잡느냐 놓치느냐는 오직 우리 의지에 달렸습니다!"

"윌슨 대통령의 민족 자결주의는 우리에게도 적용할 수 있습니다. 아니, 적용되어야 합니다. 이대로 있을 수 없습니다. 학우회가 나서야 합니다!"

여기저기서 옳다는 외침이 울려 퍼졌습니다.

1919년 1월 6일 학우회의 웅변대회는 순식간에 독립을 향한 열망으로 가득 찼습니다. 대회장 곳곳에서 학생들은 뜨거운 눈물을 흘렸습니다. 학생들은 즉시 최팔용 등 10명의 위원을 뽑아 독립의 의지를 세상에 알리기로 했습니다. 독립 선언서를 작성해서 일본 정부와 언론사, 세계 각국의 공사관에 전달하자고 뜻을 모았습니다. 그리고 실행에 옮기기 위해 조선청년독립단을 만들었습니다.

"독립 선언서 초안 작성은 이광수에게 맡기는 것이 어떻겠습니까?"

"천재 작가 이광수라면 독립의 정당성을 충분히 잘 표현할 테니 찬성이오. 그리고 선언서가 만들어지면 고국으로 보내 우리의 뜻을 각계각층에 알립시다."

1월 말, 독립 선언서는 무사히 국내로 들어와 최린과 현상윤에게 전해졌습니다. 최린은 보성중학교 교장이자 천도교의 핵심 인물이었고, 현상윤은 학우회 출신 선배로 당시 중앙고등보통학교 교사였습니다. 이들은 일본 유학생의 노력에 크게 감동하여 이 사실을 주변에 알렸습니다.

"젊은 학생들이 저렇게 운동을 하는데 우리가 선배로서 모른 척할 수 있겠나? 이 일만큼은 우리 천도교가 앞장서야겠네."

최린을 통해 독립 선언서를 본 천도교 교주 손병희는 매우 큰 감명을 받았습니다.

2·8 독립 선언서를 낭독하다

한편, 1919년 2월 8일 오전 10시 일본에서는 조선청년독립단이 독립 선언서를 일본의 정부 기관과 언론사, 각국 대사관에 우편으로 보냈습니

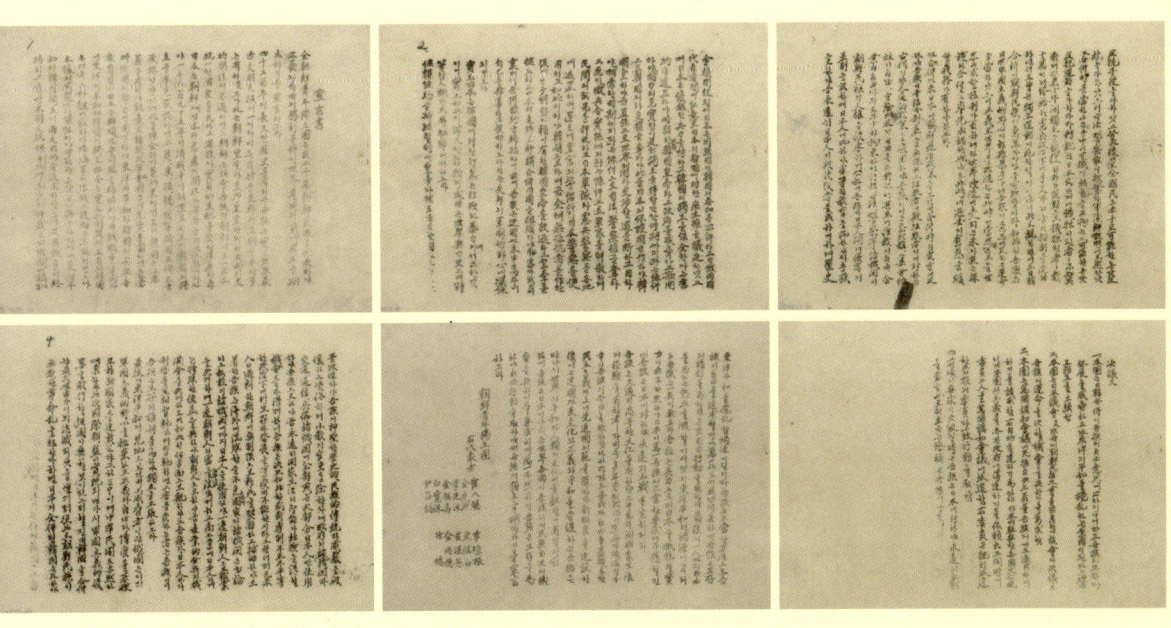

2·8 독립 선언서(독립기념관 소장)

다. 오후 2시, 학생들은 유학생 대회를 위해 도쿄 기독교 청년회관에 모였습니다. 이 대회에는 도쿄 지역의 유학생 642명 중 600여 명이 모였습니다.

"우리가 이 자리에 모인 이유는 모두 알 것입니다. 이 시간부터 유학생 대회는 조선독립청년단 대회로 이름을 바꾸고 우리의 독립 의지를 세계 만방에 알릴 것입니다. 이제 독립 선언서를 읽어 주십시오!"

"와!" 하는 함성과 함께 독립 선언서가 발표되었습니다.

"모든 조선청년독립단은 우리 이천만 조선 민족을 대표하여 정의와 자유의 승리를 얻은 세계 만국 앞에 독립을 기어코 달성하기를 선언하노라. 사천삼백 년의 오랜 역사를 가진 우리 민족은 실로 세계 최고 문명

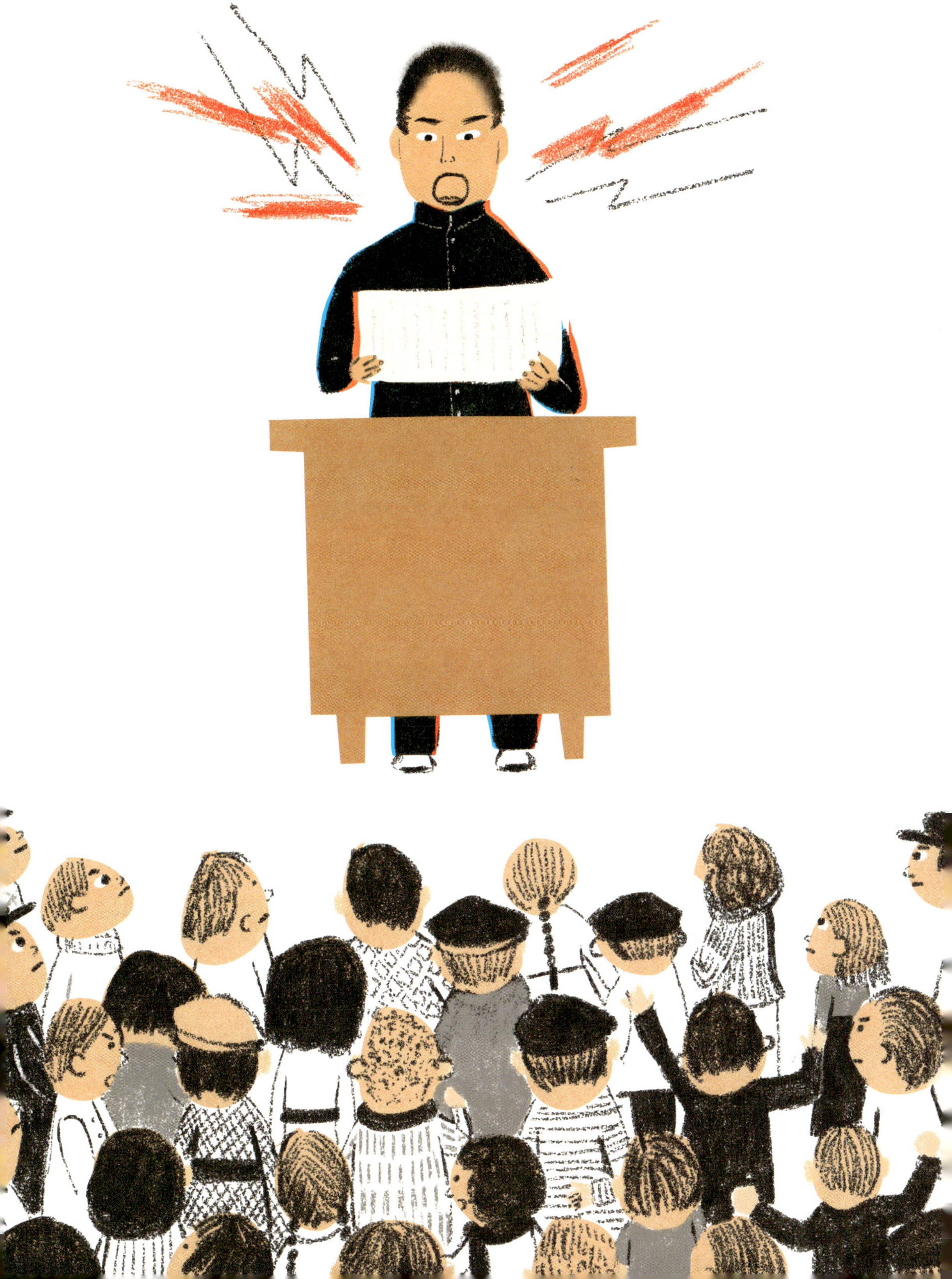

민족의 하나다. (……) 일본이나 혹은 세계 각국이 우리 민족에게 민족 자결의 기회를 줄 것을 요구하며 만일 그렇게 되지 않는다면 우리 민족은 생존을 위하여 자유롭게 행동하여 우리 민족의 독립을 기어코 달성하기를 선언하노라."

독립 선언서 낭독이 끝나자 뜨거운 박수와 함성이 쏟아졌습니다. 그러나 뿌듯함도 잠시, 일본 경찰이 들이닥쳤습니다.

"잡아라! 주동자를 잡고 대회를 해산해!"

최팔용, 백관수 등 60여 명이 체포되고 대회는 강제로 해산당했습니다. 하지만 남은 유학생들은 2월 12일과 23일에도 히비야공원에서 독립 선언서를 낭독하고 거리 행진을 했습니다. 일본에서 유학생들이 이끈 2·8 독립 선언은 곧 국내로 이어져 더욱 거대한 불길로 타올랐습니다.

국내에서 3·1 운동을 준비한 사람들

**한민족의 마음속에
분노를 심은 토지 조사 사업**

1910년 대한 제국은 일본의 식민지가 되었습니다. 일제는 서울에 최고 식민 통치 기관인 조선 총독부를 설치했습니다. 그리고 바둑판에 바둑알을 빼곡하게 놓듯이 전국 방방곡곡, 시골 구석구석까지 헌병경찰을 배치했습니다. 헌병경찰은 집회를 금지하고 일제의 통치에 저항하는 사람들을 감시했습니다. 이렇게 공포 분위기를 조성하고 억누르는 것을 무단 통치라고 합니다.

게다가 일제는 모든 이의 분노를 자아내는 일을 벌였습니다. 바로 토지 조사 사업입니다. 1910년부터 10년 가까이 실시한 토지 조사 사업은 조선인들이 가진 땅을 합법적으로 빼앗기 위해 꾸민 일이었습니다. 토지를 등록하는 절차가 얼마나 복잡한지, 농민들은 토지 조사 사업을 전혀 이해할 수 없었습니다.

"아니, 도대체 이게 무슨 말이야? 우리 땅이라는 것을 증명하고 다시 등록하라니? 대대로 농사짓던 이 땅이 우리 땅이라는 사실은 마을 사람들이 다 아는데, 뭘 어떻게 하란 말이지?"

"황무지를 개간해서 농사짓는 우리는 어떻게 되는 거야?"

일제가 정한 절차에 따라 신고하거나 등록하지 않은 땅, 주인이 따로 없는 황무지나 산, 조선 왕실과 국가 기관이 가지고 있던 땅 등은 모두 일본이 차지했습니다. 이렇게 토지 조사 사업으로 조선 총독부가 차지한 땅은 우리나라 전체 경작지의 거의 절반이나 되었습니다. 빼앗은 땅은 조선으로 건너온 일본인들에게 헐값에 팔았습니다. 수백만 명의 조선인들은 갑자기 일본인 지주 밑에서 농사짓는 처지가 되고 말았습니다.

　조선인들의 마음속에서 나라를 뺏긴 서러움은 분노로 바뀌고 차츰 불길로 자라났습니다. 그러나 독립운동을 일으킬 만한 단체는 모두 일제의 손에 해산당했습니다. 그러자 여기저기서 비밀 결사가 생겨났습니다. 하지만 소수의 비밀 결사만으로는 독립을 되찾기 어려웠기 때문에 전국적인 조직을 갖춘 단체의 힘이 절실해졌습니다. 그러던 와중에 덕수궁에 갇혀 지내던 고종 황제가 갑작스레 죽음을 맞이했습니다.

**갑작스런 고종의 죽음,
3·1운동의 불길을 당기다**

1919년 1월 21일, 건강에 큰 문제가 없던 고종 황제가 세상을 떠나자 사람들은 독살이 아닌지 의심했습니다. 이 소문은 금세 온 나라로 퍼졌습니다. 지방 선비들도 분통을 터뜨렸습니다.

"박 진사, 자네 들었나? 덕수궁 폐하께서 이완용이 준 식혜를 드시고 독살 당했다는 소문이 파다하네. 그런데 그 식혜를 올린 궁녀 둘도 잇달아 죽었다니, 이런 끔찍한 일이 어디 있는가!"

"우리 불쌍한 덕수궁 폐하를 그렇게 만든 놈들, 반드시 천벌을 받을 게야. 어서 경성서울으로 올라가 황제 폐하께서 마지막 가시는 길을 배웅하세."

지방의 선비들과 학생들을 비롯해 많은 백성이 고종의 장례식에 참석하기 위해 경성으로 향했습니다. 경성은 전국 각지에서 모여든 사람들로 인산인해를 이루었습니다. 사람들이 모이는 것을 방해하던 일제도 이번만큼은 어쩔 수 없었습니다. 토지 조사 사업으로 땅을 빼앗긴 조선인들은 고종의 죽음에 큰 충격을 받았고, 일제를 향한 분노는 하늘을 찔렀습니다. 일제의 감시와 압박 속에서도 해체당하지 않은 국내의 두 단체가 이 기회를 놓치지 않았습니다. 바로 종교 단체와 학교였습니다.

종교계와 학생들이 3·1운동을 준비하다

1차 세계 대전이 끝나면서 민족 자결주의에 기대를 품은 사람은 중국 상하이의 독립운동가들과 일본의 유학생들만이 아니었습니다. 국내의 학생들과 천도교, 기독교 등 종교 단체 지도자들도 이 상황에 어떻게 대처하면 좋을지 날마다 모여서 회의를 거듭했습니다.

우리나라 최대의 종교였던 천도교는 각 종교들의 차이를 접어 두고 모두 하나로 뭉쳐 평화적으로 민족 운동을 벌여야 한다는 원칙을 세웠습니다. 그런데 구체적으로 어떻게 해야 할지 고민하던 차에 일본 유학생들이 독립 선언서를 낭독하고 세계에 전한 사실을 들었습니다.

천도교 교주 손병희는 이를 더욱 큰 민족 운동으로 확대하기로 결심했습니다. 대한 제국의 고위 관료와 교육자, 언론인 등을 만난 손병희는 이들에게 민족 대표가 되어 함께하자고 권유했습니다. 심지어 친일파의 대명사인 이완용에게도 속죄할 기회를 줄 테니 함께하자고 했습니다. 친일

파 이완용까지 마음을 바꿔 참여한다면 진정한 민족 운동이 되리라 생각한 것이지요. 그러나 이완용뿐 아니라 한규설, 김윤식, 박영효 등 이름난 인물들이 모두 다 거절했습니다. 민족 운동에 적극적이었던 최남선마저 집안일을 이유로 거절했습니다. 대신 독립 선언서만은 자기가 쓰게 해 달라고 했습니다.

천도교 측은 크게 실망했지만 포기할 수 없었습니다. 그래서 다른 종교계와 함께 민족 운동을 준비하기로 했습니다. 먼저 기독교계에 사람을 보내 함께 준비하자고 권했습니다. 마침 기독교 쪽에서도 해외 동포들이 활동하는 소식을 듣고 독립 선언과 항일 시위를 계획하고 있었습니다. 기독교계는 평안도의 교회가 중심이었으며 지도자는 이승훈이었습니다.

"독립운동은 민족 전체의 문제인 만큼 종교가 같고 다른 것을 떠나 합동으로 추진합시다. 다른 목사님들을 설득해 주실 수 있지요?"

천도교 쪽 최린의 물음에 이승훈은 오히려 이렇게 이야기했습니다.

"천도교야말로 거사를 앞두고

천도교 중앙대교당

흔들리진 않겠지요? 안 되면 우리는 독자적으로라도 독립운동을 벌일 생각이니 걱정하지 마시오."

기독교가 함께하기로 하자 천도교는 만해 한용운을 만나 불교계도 동참하자고 요청합니다. 한용운은 쾌히 승낙하고 적극적으로 참여했습니다.

이로써 천도교, 기독교, 불교를 아우르는 민족 운동 진영이 갖춰졌습니다. 천도교에서 15명, 기독교에서 16명, 불교에서 2명이 민족 대표가 되어 독립 선언서에 서명했습니다. 이 소식을 들은 학생들도 각 학교의 대표자를 모아 종교계와 함께하기로 결정했습니다.

"종교계 어른들이 독립운동을 함께하기로 했다니 그야말로 경사 아닙니까? 우리 학생들도 참여해야 합니다."

"맞습니다. 우리 민족의 각계각층이 모두 모여 독립의 뜻을 알려야 합니다. 탑골공원에 모이기 힘든 학생들은 각자의 학교와 지역에서라도 만세를 외쳐야 합니다."

학생 대표들은 이 소식을 알리기 위해 각자의 학교로 서둘러 돌아갔습니다.

날짜는 3월 1일로 결정했습니다. 고종 황제의 장례식인 3월 3일과 일요일인 3월 2일을 피해, 3월 1일 토요일 탑골공원에서 독립 선언서를 낭독하기로 했습니다. 학생들도 탑골공원에 모이기로 했습니다. 연락이 닿는 지역도 함께 독립 선언을 외치기로 했습니다. 모두 민족의 거사를 준비하느라 여념이 없었습니다.

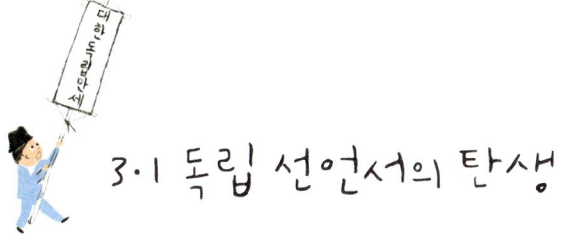
3.1 독립 선언서의 탄생

**'독립 청원서'는 안 된다.
'독립 선언서'여야 한다!**

일단 준비가 시작되자 분위기가 숨 가쁘게 돌아갔습니다. 학생 단체, 천도교, 기독교, 불교 등 저마다 준비하던 독립운동이 하나로 모이기 시작했습니다. 그런데 여러 사람이 함께하다 보니 방법을 두고 의견이 나뉘었습니다. 그중에서도 '우리 민족의 뜻을 어떤 발표문으로 전 세계에 알릴 것인가?'라는 문제를 둘러싼 대립이 가장 치열했습니다. 한쪽에서는 '독립 청원서'를 주장하고, 다른 한쪽에서는 '독립 선언서'를 주장했습니다.

운동을 이끄는 천도교 안에서도 의견이 갈라졌습니다.

"과격한 행동과 말은 오히려 일을 그르칠 수 있습니다. 우리 민족의 뜻을 알리는 것만으로도 충분합니다. 그러니 명칭을 독립 청원서나 건의서로 하는 것이 어떻겠습니까?"

최린은 반대했습니다.

"청원서나 건의서를 내는 것은 우리를 독립시켜 달라고 일본 정부에 부탁하는 것과 다를 바 없습니다. 이러면 우리 민족이 스스로 독립을 이룬다는 의미가 없지 않습니까?"

"최린 선생의 말뜻을 모르는 바 아니오. 그러나 신중하게 생각합시다. 일본을 자극하지 않아야 더 얻는 게 많을 수도 있소. 혹여 자치권이라도 얻는다면 민족 자결을 이룬 것과 뭐가 다르겠소?"

그러나 최린은 물러서지 않았습니다.

"누가 힘없는 민족의 이야기를 들어 주겠습니까? 국내적으로 전 민족을 일으켜 세우고, 세계를 향해서는 우리가 독립해야 하는 이유를 밝히고 독립을 위해 싸우겠다는 결의를 담은 선언이 되어야만 성공할 수 있습니다."

"최린 선생의 말이 옳습니다. 민족 자결의 원칙을 담은 독립 선언서만이 답입니다."

그리하여 최린의 주장대로 발표문은 독립 선언서가 되었습니다.

"자, 그럼 독립 선언서 초안은 누가 작성하는 것이 좋겠습니까? 일본 도쿄에서는 춘원 이광수가 작성했던데, 그에 못지않은 인물이 좋지 않겠습니까?"

"육당 최남선이 어떨는지요. 육당은 서구의 학문과 우리 유학에 두루 밝은 인물 아닙니까? 문장력 또한 춘원에게 뒤지지 않으니 적임자일 듯합니다. 최린 선생의 뜻은 어떻소?"

"저도 그렇게 생각합니다. 전 민족의 의지를 표현하는 독립 선언서처럼 중대한 글을 지을 사람은 육당밖에 없을 것입니다. 다만 한사코 독립운동 대열에는 참여하지 않으려 해서 걱정입니다. 그래도 제가 책임지고 설득해 보겠습니다."

최남선은 평생 학자로 살 생각이라 민족 대표에 함께 참여할 수는 없지만, 선언서만큼은 자신이 쓸 수 있다면 더없는 영광이라며 승낙했습니다. 3주 뒤, 드디어 독립 선언서가 완성되었습니다. 그런데 곧바로 문제가 생겼습니다.

**독립운동에는
책임이 뒤따라야 한다**

천도교의 권유에 따라 참여한 만해 한용운은 독립 선언서 이야기를 듣고 크게 화를 냈습니다.

"아니, 독립운동을 책임지지도 못하는 사람이 어떻게 이처럼 중대한 선언서를 쓸 수 있단 말인가! 목숨을 버리지 못하는 자의 말을 과연 누가 듣겠느냐는 말일세. 나는 육당의 선언서를 받아들일 수 없네. 차라리 내가 다시 쓰고 말지!"

최린은 당황했습니다. 그러나 한용운의 성미를 누구보다 잘 알기에 달래고 또 달랬습니다.

"자네가 이해해 주시게. 육당이 민족 대표로 참여하지는 않겠다 해서 나 또한 아쉬움이 크지만, 자네도 잘 알듯이 그는 선언서를 쓸 만한 충분한 자격이 있지 않은가. 게다가 선언서 내용에는 손병희 선생의 뜻이 담겨 있네. 그분과 여러 어르신이 선언서 내용을 보고 인정하셨으니 화를 좀 푸시게나."

최린의 말처럼 실제로 독립 선언서에는 천도교 교주 손병희를 비롯한 여러 사람의 뜻이 들어 있었습니다. 손병희는 최남선에게 선언서 내용은 평화적이고 온건하고 감정에 치우치지 않아야 하며, 조선의 독립은 동양의 평화를 위해 필요하다는 점을 밝히고, 민족 자결과 자주독립의 정신을 바탕으로 정의와 사람의 도리에 입각한 운동임을 강조해야 한다고 전했습니다.

한용운은 화가 풀리지 않았지만 더는 반대하지 않았습니다. 대신 따로 공약삼장을 만들어 독립 선언서에 덧붙이겠다고 했습니다.

"그렇다면 내가 글을 덧붙일 테니, 그리 아시오."

"고맙소, 만해. 그것은 내가 꼭 책임지리다."

이렇게 해서 독립 선언서가 모두 완성되었습니다.

마지막에 닥친 위기

독립 선언서가 완성되자, 2월 27일에 대표들이 모여 민족 대표 33인 중 누구 이름부터 쓸 것인가를 두고 신경을 곤두세웠습니다. 이때 이승훈이 나서서 말했습니다.

"어허, 큰일을 앞두고 뭐 하는 겁니까? 이건 죽는 순서요. 이름이 앞에 있건 뒤에 있건 무슨 상관이겠소! 일을 준비한 손병희 선생을 먼저 쓰시오."

그리하여 각 종교계를 대표해 손병희천도교, 길선주기독교 장로파, 이필주기독교 감리파, 백용성불교을 먼저 쓰고 나머지 대표들은 가나다 순서대로 서명했습니다.

서명까지 마친 독립 선언서는 천도교가 운영하는 보성사에서 인쇄를 맡았습니다. 몇만 장을 인쇄해야 하는데 거사일까지 시간이 얼마 남지 않은 탓에 보성사 사장 이종일과 직원들은 마음이 몹시 바빴습니다.

　바로 그때, 종로경찰서의 악명 높은 친일 경찰 신철이 갑자기 들이닥쳤습니다. 비밀리에 작업하던 직원들은 얼어붙은 듯이 하던 일을 멈추었고, 이종일은 얼굴이 창백해졌습니다. 모든 계획이 물거품이 되는 것은 물론이고 곧 끌려가 고문당할 생각을 하니 눈앞이 캄캄해졌습니다. 그런데 이상하게도 신철은 독립 선언서를 훑어보더니 말없이 인쇄소를 나갔습니다.

　"큰일 났습니다. 신철이 독립 선언서를 한 장 가져갔습니다!"

　소식을 들은 최린은 가슴이 철렁 내려앉았습니다. 하지만 이내 그의 행동이 의아하다는 생각이 들었습니다.

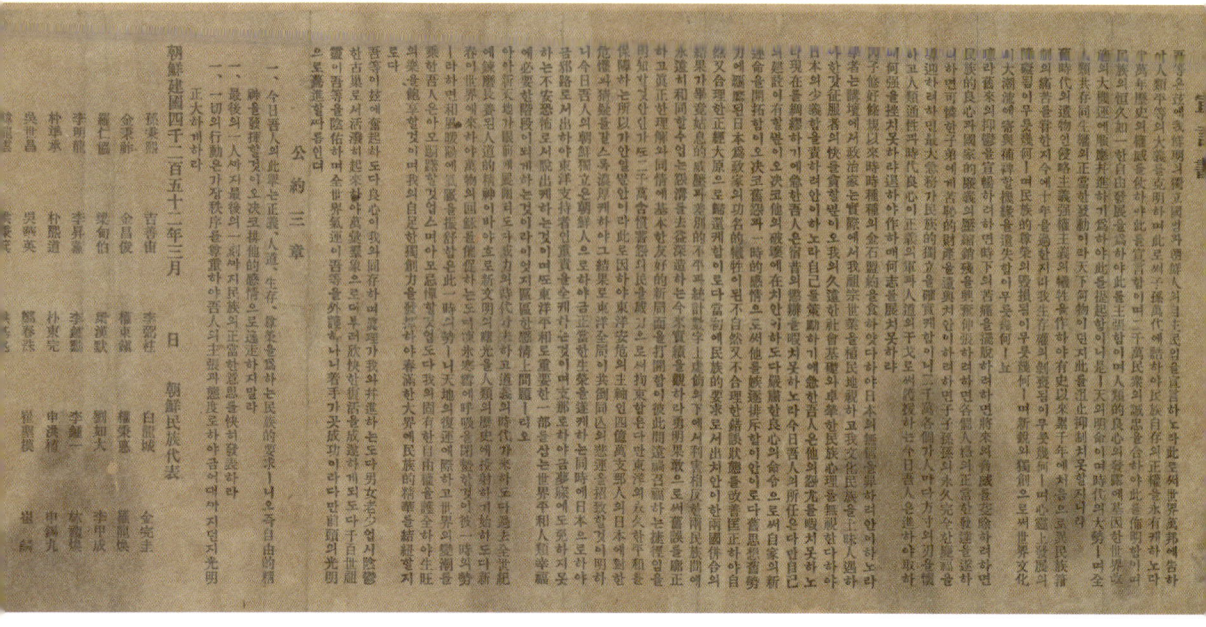

3·1 독립 선언서 보성사판(독립기념관 소장)

"그런데 왜 한 장만 가져갔을까? 그것도 아무 말도 없이? 평소 그답지 않군. 내가 얼른 신철을 만나 봐야겠소."

최린은 신철을 만나 간절히 부탁했습니다.

"그대는 본래 조선인이지 않소? 자신을 되돌아보시구려. 그대는 조선 편이오, 일본 편이오? 잘 생각해 주시오. 아니면 제발 며칠만이라도 모른 척해 주실 수는 없겠소?"

뜻밖에도 신철은 일본에 알리지 않고 멀리 출장을 가 버렸습니다. 그러다가 3·1운동 이후 이 일이 알려지자 신철은 스스로 목숨을 끊었습니다. 조선인이면서 친일 경찰로 살아온 것을 반성하는 의미였는지는 알 수 없지만, 3·1운동을 준비하는 쪽에서는 마지막 위기를 간신히 넘기고 독립 선언서 2만 1,000장을 무사히 인쇄했습니다.

거사를 하루 앞둔 2월 28일 밤, 민족 대표들은 모두 손병희의 집에 모였습니다. 대표들은 뜻과 행동을 함께하기로 결의하고, 체포되더라도 지금까지 준비한 과정을 정정당당히 밝히기로 약속했습니다.

3장

탑골공원에 울려 퍼진
대한 독립 만세

누가 최초로 독립을 선언했을까?

한자리에 모인 민족 대표 33인

3월 1일 오후 2시, 지방에 있어서 참석하지 못한 4명을 제외하고 29명의 민족 대표가 종로 태화관에 모였습니다. 모두 죽음을 각오하고 비장한 표정으로 앉아 있었습니다.

그때 학생 대표 강기덕과 학생들이 문을 벌컥 열었습니다.

"선생님! 어째서 아직 여기에 계십니까? 어서 약속 장소인 탑골공원으로 오십시오. 다들 기다리고 있습니다!"

그러자 민족 대표 중 한 명이 학생들에게 말했습니다.

"미안하네만, 우리는 여기서 선언식을 하겠네. 탑골공원에 모인 이가 많기도 하거니와, 자네들을 보니 흥분한 상태라 자칫 위험해질 수도 있어!"

"그렇다네. 이 일은 우리가 할 테니, 자네는 학생들을 설득해 각자의 위치로 돌아가게나."

그러나 학생들은 물러서지 않았습니다.

"그럴 수는 없습니다. 함께하기로 한 약속을 일방적으로 바꾸시다니요. 선생님들이 오시지 않는다면 저희끼리라도 하겠으니 그리 아십시오."

말리는 민족 대표를 뿌리치고 학생들은 탑골공원으로 돌아갔습니다. 민족 대표들은 탄식했지만 더 이상 미룰 수 없었습니다.

"흥분한 학생들이 일본 헌병과 충돌하기라도 하면 다치거나 죽는 이가 나올지 모릅니다. 죽는 사람은 우리로 충분하니 우리의 뜻을 어서 일본에 알립시다. 아까 독립 통고서를 조선 총독부에 보냈으니 일본 경찰이 언제 올지 모릅니다. 만해 선생, 어서 시작해 주시오."

만해 한용운이 대표로 독립 선언서를 낭독했습니다.

우리는 오늘 조선이 독립국이며 조선인이 자주민임을 선언한다. 이를 세계 만국에 알려 인류 평등의 큰 뜻을 분명히 밝히고, 이를 자손만대에 알려 우리 민족 스스로 생존할 권리를 영원토록 누리게 하겠다. (……)

독립 선언서 본문과 공약삼장 낭독에 이어 민족 대표 33명의 이름이 모두 불리자 태화관에는 비장한 분위기가 감돌았습니다.
"이제 다 되었소. 어서 이 사실을 일본에 알리고 우리 뜻을 전합시다."
독립 선언식을 치렀다고 알리는 전화에 일본은 깜짝 놀랐습니다. 얼마 지나지 않아 일본 경찰이 순식간에 태화관으로 들이닥쳤습니다. 민족 대표들은 태연히 그들을 맞았고 그 자리에서 모두 체포되었습니다.
그런데 같은 시각 탑골공원에서는 더 큰 일이 벌어지고 있었습니다.

탑골공원에 모인 학생들, 만세를 외치다

오후 2시 30분. 탑골공원에 모인 학생들은 학생 대표단이 돌아오기를 기다렸습니다.
그런데 약속이나 한 듯 탑골공원 주변으로 사람들이 계속 모여들었습니다. 끝없이 밀려드는 인파는 벌써 수천 명이 넘었고, 모인 이들은 서로 바라보며 흥분을 감추지 못했습니다.
그때 학생 대표단이 돌아왔습니다.
"아니, 왜 그대들만 오는가? 선생님들은 어디 계시오?"
민족 대표가 나타나지 않자 학생들은 태화관에 갔던 대표단에게 물었습니다. 대표단은 실망한 표정으로 말했습니다.

"미안하네. 선생님들을 모시고 오지 못했어. 그분들은 태화관에서 따로 독립 선언식을 할 모양이야. 아무래도 여기에 사람들이 생각보다 많이 모여서 부담스러운가 봐. 사고라도 나지 않을까 걱정하는 눈치였어."

"그게 무슨 말도 안 되는 소리인가! 사람들이 많은 게 뭐가 문제야. 안 되겠군. 우리끼리라도 계획대로 진행해야겠네. 누가 시작할 텐가?"

민족 대표 33인이 모였던 태화관 건물

학생들이 웅성거렸습니다. 그때 한 학생이 독립 선언서를 들고 단상 위에 섰습니다.

"우리는 오늘 조선이 독립국이며 조선인이 자주민임을 선언한다!"

단상 위에 선 학생이 독립 선언서를 읽어 내려가자 탑골공원에 모인 사람들은 모두 숨 죽여 귀를 기울였습니다.

"저 친구는 누구지? 경신학교 졸업생 정재용 아닌가?"

"아니야. 옷을 보니 경성의전 경성의학전문학교 학생 한위건 같은데?"

사람들의 궁금증을 뒤로한 채 독립 선언서는 한 문장 한 문장 탑골공원에 울려 퍼졌습니다.

> 반만년 우리 역사의 권위에 의지하여 이를 선언하고, 이천만 민중의 정성스런 마음을 합하여 이를 널리 알리며, 민족의 오래도록 영원한 자유 발전을 위하여 이를 주장한다. (……)
> 오늘날 우리 조선 독립은 조선인이 정당한 삶을 이루게 하는 동시에, 일본이 그릇된 길에서 나와 동양에서 자신의 역할을 다하게 하는 것이다. (……)
> 우리는 이에 떨쳐 일어났다. 양심이 우리와 함께 있으며, 진리가 우리와 함께 나아간다. 남녀노소 없이 어둡고 답답한 옛 보금자리로부터 활발히 일어나 세상 모든 것들과 함께 기쁘고 유쾌한 부활을 이루어 낼 것이다. (……)

독립 선언서 낭독이 끝나자 탑골공원에는 큰 함성이 울려 퍼졌습니다. 여기저기에서 만세 소리가 들려왔습니다. 만세 소리는 이내 거대한 울림이 되어 사람들 가슴을 뜨겁게 달구었습니다.

"대한 독립 만세! 대한 독립 만세! 대한 독립 만세!"

만세 삼창 후 학생들은 줄을 이어 만세 시위에 들어갔습니다. 주변을 서성이며 이 광경을 지켜보던 사람들도 대열에 섞여 들면서 시위대는 눈 깜짝할 사이에 수천수만 명으로 늘었습니다. 시위대에는 학생들을 비롯해 어른들과 할아버지 할머니, 심지어 어린아이들도 있었습니다. 미리

남상락 자수 태극기(독립기념관 소장)
충남 당진 출신의 남상락은 1919년 3월 1일 고종의 장례식을 보러 서울에 왔다가 탑골공원의 만세 시위에 참가했다. 그리고 고향으로 내려와 4월 4일에 독립만세 운동을 계획하고 부인과 같이 태극기를 만들었다. 집에서 짠 명주 천에 색실로 수를 놓아 태극과 사괘를 새겨 넣었다.

준비한 독립 선언서와 태극기는 손에서 손으로 모두 전해졌습니다.

"가자! 황제 폐하가 잠들어 계신 덕수궁으로 가자!"

"전 세계에 이 사실을 알려야 해! 우리 학교는 미국 영사관으로 갈 테니, 자네 학교 학생들은 프랑스 영사관으로 가는 게 어떻겠나?"

"우리는 학교로 돌아가서 학우들과 동네 사람들에게 오늘 일을 알리겠네!"

탑골공원에서 시작한 함성은 만세 시위대를 따라 서울 시내 곳곳으로 퍼졌습니다.

서울 만세길을 따라가다

날이 저물도록 이어진 만세 행렬

탑골공원을 가득 메운 사람들은 학생들을 따라 만세를 부르며 서울 곳곳으로 흩어졌습니다.

"대한 독립 만세! 조선 독립 만세!"
"우리 조선은 독립국이다. 왜놈은 물러가라!"

사람들의 함성에 놀란 일본 관헌들은 어쩔 줄을 몰랐습니다. 시위가 일어날 것을 눈치챈 일본 경찰과 조선 총독부 직원 등이 곳곳에 있었지만, 끝없이 몰려드는 인파에 손을 쓸 수가 없었습니다.

고종의 장례식에 참석하러 서울로 올라온 지방 사람들도 탑골공원에서 시작한 만세 행렬에 합류했습니다. 갈수록 늘어난 시위 군중은 학생 대표단의 지휘에 따라 종로에서 청계천의 광교를 넘어 경성부청(지금의 서울시청) 앞으로 향했습니다. 경성부청 앞에 다다라 만세를 부르자 일본인 직원들은 두려움에 떨며 문을 걸어 잠갔습니다. 시위대는 남대문을 거쳐 프랑스 영사관으로 들어가서 조선인의 독립 의지를 프랑스 본국에 전달하라고 요구했습니다.

다른 한 무리는 종로에서 광화문으로 이동해 덕수궁으로 향했습니다.

덕수궁은 고종 황제가 돌아가신 곳으로, 3월 3일에 치를 장례 준비에 분주하던 궁인들은 시위대를 보고 깜짝 놀랐습니다. 시위대는 덕수궁으로 들어가서 돌아가신 고종 황제의 영전에 조례왕에게 올리는 조문를 올렸습니다.

미국 영사관 앞에서는 학생 한 명이 혈서를 쓰며 조선의 독립을 외쳤습니다. 이 모습을 본 영사관 직원이 감동하여 학생과 시위대를 격려하기도 했습니다.

경복궁 앞에서는 순사 한 사람이 자신의 순사 모자와 제복을 찢고 눈물을 흘리며 조선 독립 만세를 외쳤습니다. 일본의 순사가 되어 살아온 시간을 반성이라도 하듯 처절하게 만세를 외치자 시위 군중의 가슴은 더욱 뜨거워졌습니다.

"가자! 사람들에게 널리 알리자!"

"우리 모두 한마음 한뜻으로 만세를 외친다면 일본도

우리를 어쩌지 못할 것이다!"

시위대는 창덕궁은 물론 조선 총독부, 조선 보병 사령부 등 중요한 식민 통치 기관 앞으로 몰려가 만세를 외쳤습니다. 만세 소리를 들은 할머니들은 물을 바가지로 떠 주며 시위대의 목을 축여 주었습니다.

오후 3시쯤부터 시작한 만세 행렬은 날이 저물도록 끝나지 않았습니다. 특히 경복궁 앞은 조선 총독부가 있는 곳이다 보니 몰려드는 인파와 이를 막으려는 일본 관헌 사이의 마찰이 끊이지 않았습니다. 만세 소리가 맹렬한 기세로 거리를 휩쓰는 와중에 몇몇 일본 관헌은 시위대에 이끌려 나와 함께 만세를 불러야 했습니다.

"이것 보시오. 이자는 경기도장관지금의 경기도지사 히가키 나오스케요. 나오스케! 어서 모자를 벗고 조선인들에게 사과해라!"

퇴근하던 경기도장관 히가키 나오스케도 시위대에 의해 인력거에서 끌어 내려져 독립 만세를 함께 외쳤습니다.

일본의 탄압이 시작되다   조선 총독부는 시위대를 진압하기로 하고 서울 중심지의 군인과 경찰을 모두 모았습니다. 용산에 주둔한 일본군 보병 3개 중대와 기마병 1개 소대도 불렀습니다. 그들은 일본인 상인들이 많이 모여 사는 진고개지금의 충무로 일대를 막고 지나가는 만세 시위대를 붙잡았습니다. 6,000명이 넘는 시위대가 진고개의 좁은 길로 접어들면서 충돌이 벌어졌습니다. 시위대가 경찰과 군대를 뚫고 두 차례나 전진하자, 지켜보던 일본인 상인들까지 가세해 시위대를 막았습니다.

이때 시위대 가운데 100여 명이 붙잡혀서 남산 아래에 있는 경무총감부로 끌려갔습니다. 그러나 끌려간 사람들이 경무총감부에서도 쉬지 않고 만세를 부르자 일본 경찰들은 혀를 내둘렀습니다. 진고개에서 막힌 시위대는 흩어지지 않고 방향을 바꾸어, 다른 곳에서 행진하던 시위대와 함께 뭉쳐 다시 만세를 불렀습니다.

일제는 시위대를 잔인하게 탄압했습니다. 기마대는 말을 타고 시위 군중을 향해 돌진하면서 채찍과 총검을 마구 휘둘렀습니다. 일제가 휘두른 총검에 시위대는 살이 찢기고 온몸에 피가 흘렀습니다. 경찰은 시위대를 향해 총을 쏘기도 했습니다. 그럼에도 서울 곳곳에서 일어난 만세 시위는 멈추지 않았습니다. 서울 중심에서 벌어진 시위는 저녁 7시 무렵 해가 저물자 일단 멈추었습니다. 하지만 곧 서울 도성 밖으로 시위가 퍼져 나갔습니다.

저녁 8시쯤에는 전차의 종점인 마포에서 또 한 차례 대규모 시위가 벌어졌습니다. 전차에서 내린 사람들이 대열을 이루어 만세 시위를 벌였는데, 그 수가 1,000여 명을 넘었습니다. 밤 11시에는 신촌 부근에서 학생 200여 명이 모여 시위를 벌였습니다. 그러나 해가 질 무렵부터는 일본의 진압도 더욱 무자비해졌습니다.

이튿날인 3월 2일에도 만세 시위가 이어졌습니다. 거리는 시위대로 가득 찼고, 곳곳에서 일본 경찰과 시위대가 서로 쫓고 쫓겼습니다. 종로에서는 노동자와 학생 400여 명이 모여 만세를 부르며 종로경찰서로 향했습니다. 그들은 간밤에 있었던 탄압에 항의하다가 20여 명이 붙잡혔습니다. 일본은 평화로운 만세 시위를 폭력으로 억눌렀습니다. 겁을 주어 시위를 멈추게 하려는 속셈이었지요.

3월 3일에는 고종 황제의 장례식을 치렀기 때문에 대규모 만세 시위가 없었습니다. 그러나 3월 4일에 시위가 다시 시작되었고, 3월 5일에 절정을 이루었습니다.

남대문역에서 서울 최대의 만세 시위가 일어나다

고종의 장례식 이후로 만세 소리는 잦아들었지만, 서울의 학생 대표들은 비밀리에 모여 다시 한 번 대규모 만세 시위를 계획했습니다.

"이제 고종 황제의 장례식이 끝나서 사람들이 고향으로 내려갈 텐데, 이때를 놓치면 안 될 것이오. 이번 만세 운동에는 우리 연희전문지금의 연세대학교이 앞장서겠소. 다른 학교들도 같이 참여해 주시오."

"우리 보성전문지금의 고려대학교도 함께 앞장서리다. 경성에서 일어난 만세 운동 소식이 방방곡곡으로 전해지면 우리 이천만 동포가 또다시 일본의 간담을 서늘케 할 것이오!"

"좋습니다. 세계 여러 나라에 우리 조선의 독립 의지를 보여 줍시다."

"거사일은 3월 5일 9시요. 그때 남대문역에서 모입시다."

드디어 3월 5일이 되었습니다. 전날인 4일부터 학생들이 열심히 벽보를 붙이고 고향으로 내려가는 사람들에게 독립 선언서와 격문을 돌리며 분위기를 달군 덕분에 수천 명이 넘는 사람들이 남대문역 광장을 메웠습니다.

9시가 되자 학생 대표들이 '조선 독립'이라고 크게 쓴 깃발을 휘두르며 달려왔습니다. 그리고 광장에 모인 군중을 향해 2차 만세 시위 운동을 벌일 것을 선언했습니다. 붉은 완장을 두른 학생들이 만세를 부르고, 뒤이어 군중이 함께 만세를 불렀습니다. 학생 대표의 지휘에 따라 대열은 남대문 쪽으로 행진을 시작했습니다. 지나가던 사람들까지 참가하면서 만세 행렬에 나선 사람들의 수는 금세 1만 명이 넘었습니다.

일본 경찰은 남대문 앞을 막고 시위대를 공격했습니다. 그때 김원벽과 강기덕 등 학생 대표 지도부가 체포되었습니다. 그러나 시위대는 멈추지 않고 경찰을 피해 여러 갈래로 흩어졌다가 정오 무렵 종로 보신각 앞에서 다시 만났습니다. 시위대는 일본 경찰과 군인들이 들이닥쳐 강제로 해산할 때까지 만세를 외쳤습니다.

이날 만세 시위는 고향에 내려가려고 남대문역으로 갔던 사람들에게 강렬한 인상을 주었습니다. 학생들은 품속에 독립 선언서를 숨기고 고향으로 갔습니다. 서울에서 일기 시작한 만세의 물결이 전국 방방곡곡으로 퍼지는 순간이었습니다.

일제는 3월 1일과 3월 5일 서울에서 벌어진 만세 시위에 몹시 큰 충격을 받았습니다. 무엇보다도 이 사실이 외국에 알려질까 봐 두려웠습니다. 그래서 일본 정부는 조선 총독부에 다음과 같은 명령을 내렸습니다.

"이번 조선인들의 만세 사건은 조선인들과 전 세계 언론이 잘 모르게끔 별일 아닌 것처럼 꾸며야 한다. 그러나 앞으로 이런 일이 일어나지 않도록 만세 사건에 가담한 자들은 엄하게 처벌하라. 다만 외국 언론이 지켜보고 있으니 적어도 잔혹하다는 말을 듣지 않게 조심하기 바란다."

조선헌병대 사령관에게도 비슷한 명령이 내려왔습니다. 주동자를 잡아서 앞으로는 이런 만세 시위가 다시는 일어나지 않게 하라는 것이었습니다. 그리고 모든 일은 조용히 처리해서 조선의 다른 지역과 외국에 절대 알려지지 않게 하라고 했습니다.

그러나 3·1운동의 주동자는 33인 민족 대표나 학생 대표만이 아니었습니다. 만세 시위를 통해 조선인 한 명 한 명이 스스로 자기 행동의 주인이 되었습니다. 조선인들의 마음속에 타오른 불꽃은 결코 꺼뜨릴 수 없었습니다. 또한 독립 선언과 만세 운동이라는 사건의 진실은 감출 수

도, 속일 수도 없었습니다. 곧 지방에서도 독립 선언에 이은 만세 운동이 맹렬히 일어났으며, 일제의 뜻과 달리 그 생생한 모습이 전 세계에 알려졌습니다.

4장

독립 선언서와 함께
전국으로 퍼진 만세의 물결

온 세계가 분노한 제암리 학살 사건

자전거를 타고 가는 낯선 외국인

1919년 4월, 경기도 수원역에서 출발한 자전거 한 대가 울퉁불퉁한 논둑길을 달려갑니다. 자전거를 탄 남자는 오른쪽 다리를 전혀 움직이지 않고 왼쪽 다리로만 페달을 밟습니다. 자전거가 당장 논바닥으로 굴러떨어질 것처럼 그 모습이 너무나 위태로워 보입니다. 온몸이 땀에 흠뻑 젖은 줄도 모른 채 그는 혼잣말로 중얼거렸습니다.

"어떻게든 학살 현장을 찾아내서 사진을 찍어야 해. 일본의 만행을 전 세계에 알려야 해!"

소아마비로 오른쪽 다리를 쓰지 못하는 이 남자는 일본 경찰을 따돌리기 위해 일부러 좁고 먼 길을 골라 화성 제암리의 작은 마을까지 쉬지 않고 달렸습니다. 그는 석호필이라는 한국 이름을 가진 캐나다 사람으로 의과 대학 교수였습니다. 그래서 그의 행동은 일본 경찰의 눈길을 끌기에 충분했지요. 그는 외국인 최초로 국립현충원 애국지사 묘역에 묻힌 프랭크 윌리엄 스코필드 박사였습니다. 스코필드 박사가 아니었다면 제암리 학살 사건은 영영 역사 속에 묻혀 버렸을지 모릅니다.

발안장터의 비극 3월 1일 서울에서 일기 시작한 태극기의 물결은 전국 곳곳으로 서서히 퍼져 나갔습니다. 이런 움직임이 두 달 동안이나 멈추지 않았지요. 일제의 탄압도 점점 극심해졌습니다. 만세를 부르다 거리에서 총살당하거나 투옥되어 고문을 받는 사람들의 수도 점점 늘어났습니다.

이런 가운데 1919년 3월 30일 경기도 화성 제암리에서 인근 주민 1,000여 명이 발안장터에 모여 만세 운동을 벌였습니다. 시위대의 규모가 커지고 함성 또한 커지자 주재소에 있던 일본 헌병들은 위협을 느꼈습니다.

"시위대 수가 너무 많아! 무슨 일이 있어도 주재소를 빼앗겨선 안 된

다. 전원 무장하고 주재소 앞 시위대를 해산해!"

시위대의 행렬이 주재소 가까이에 닿을 무렵 총소리가 들렸습니다. 사람들은 크게 놀랐지만, 곧 허공에다 쏜 경고 사격이라는 것을 알고 물러서지 않았습니다. 그러자 일본 헌병들은 시위대를 향해 무차별로 칼을 휘두르기 시작했습니다. 칼에 맞은 사람들이 비명을 지르며 쓰러졌습니다. 여기저기서 부상자가 계속 나왔습니다.

시위대는 더욱 분노했습니다. 평화로웠던 만세 시위가 곧 투석전으로 변했습니다. 일본 헌병들의 공격에 더는 맨몸으로 맞설 수 없었기 때문이지요. 사람들은 돌멩이를 주워 일본 헌병들에게 던졌습니다.

그러던 중 누가 소리쳤습니다.

"이정근 대감께서 칼에 맞았다!"

이정근은 을사조약 때 비분강개하여 관직에서 물러난 존경받는 유학자였습니다. 그는 고향에 돌아와 독립운동가를 길러 내겠다는 결심으로 여러 곳에서 서당을 운영하고 있었습니다. 발안장터에서 일어난 만세 운동도 그가 여러 동지들을 모아 이끌어 낸 일이었지요. 그런데 그가 일본 헌병의 칼에 맞아 숨을 거둔 것입니다. 이날 이정근의 제자 두 명도 함께 목숨을 잃었습니다.

이를 보고 성난 군중은 근처에 있던 일본인 가옥과 일본인 학교에 불을 질렀습니다. 이 사건 이후 일본 헌병들은 더 강경해졌습니다. 발안장터 시위에 참여한 사람들을 찾아내기 위해 헌병과 경찰이 마을을 불태우고 주민들을 잡아갔습니다.

4월 3일, 일본 헌병의 난폭하고 잔인한 행동에 주민들은 더욱 분노했습니다. 제암리 인근 주민까지 합세한 2차 만세 시위가 일어났습니다. 이때 시위대가 주재소에 불을 질렀는데, 이 과정에서 시위대에게 총을 쏜 일본인 경찰 한 명이 시위대의 손에 사망하는 사건이 발생합니다.

일제의 잔혹한 복수극 1919년 4월 15일, 일본군 아리타 중위는 보병 11명을 이끌고 제암리로 들어왔습니다.

"중요한 일을 알려 줄 테니 15세 이상 남자들은 모두 마을 예배당으로 모여라."

주민들은 불길한 느낌이 들었지만, 총으로 무장한 군인들에게 맨몸으로 저항할 수는 없었습니다.

사람들이 다 모이자 일본군은 밖에서 예배당 문을 잠근 뒤 총을 마구 쏘아 댔습니다. 그러고는 건물에 석유를 끼얹고 불을 질렀습니다. 예배당 전체가 불길에 휩싸이자 창문으로 탈출하려는 사람도 있었습니다. 일본군은 건물 밖으로 빠져나온 사람들까지 무자비하게 학살했습니다.

이날 일본군은 이를 말리던 여성 2명을 포함해 모두 23명을 학살했습니다. 그러고서 마을을 다니며 민가에 불을 지르고 이웃 마을 고주리로 넘어가 천도교인 6명을 더 총살했습니다.

이날의 참상을 우리는 '제암리 학살 사건'이라고 합니다. 2차 만세 시위 이후 화성 지역 독립운동의 근거지를 뿌리 뽑고, 만세 운동이 더는 번져 가지 못하게 막으려고 벌인 일제의 잔혹한 복수였지요. 일본군은 제

암리를 비롯한 화성 전역에서 불을 지르고 주민들을 학살했습니다. 화성 지방 10개 면, 23개 리에서 모두 329채의 집을 불태우고 수많은 주민을 학살했는데, 그중 수촌리와 제암리가 가장 큰 피해를 입었습니다.

제암리 학살을 온 세계에 알려라

3·1운동에 가담했다는 이유로 일제에 의해 고초를 겪는 사람들을 일일이 찾아다니고, 이를 전 세계 언론에 알리고자 힘썼던 스코필드 박사. 그는 제암리 학살 소식을 듣고 일본 경찰의 감시를 피해 서울에서 기차를 타고 수원으로 왔습니다. 스코필드 박사는 불편한 다리로 자전거를 타고 제암리에 도착해 사건을 꼼꼼히 조사하고 학살 현장을 모두 사진으로 기록했습니다.

　서울로 돌아온 그는 「제암리 대학살」이라는 보고서와 함께 촬영한 사진을 중국의 영자 신문 『상하이 가제드』에 보냈습니다. 그리고 약 한 달 뒤인 1919년 5월 27일, 스코필드가 쓴 보고서가 이 신문에 실렸습니다. 이 기사는 일본을 비롯한 제국주의 국가의 횡포에 신음하던 전 세계 약소민족에게 일제가 얼마나 잔악한 일을 저지르고 있는지, 우리 민족의 항일 운동이 얼마나 치열한지 알려 주었습니다.

태백산맥을 넘은 만세 소리

**호수돈 비밀 결사대가
이끈 개성의 만세 운동**

개성 최초의 여학교인 호수돈여학교의 학생회장 이경채와 동생 이경지 자매는 서울에서 독립 선언서를 갖고 찾아온 이화학당의 안병숙과 만나는 자리에 기숙사 학생들을 불러 모았습니다. 상급반이었던 강원도 철원 출신의 조숙경과 양양 출신의 조화벽도 함께했습니다. 이들은 스스로를 '호수돈 비밀 결사대'라고 일컬었습니다. 결사 대원들은 3월 1일, 서울과 같은 날에 만세 시위를 열기로 했습니다. 그들은 사람들에게 나눠 줄 독립 선언서를 베끼고, 학교에 걸린 커튼을 뜯어내 작은 태극기 수백 개를 만들었습니다.

드디어 1919년 3월 1일 아침. 학생들은 여느 때와 다름없이 학교 식당에 모여 찬송가를 부르고 기도를 했습니다. 기도가 끝나자 미리 약속한 대로 이경지가 일어나서 독립 선언서를 읽어 내려갔습니다.

"우리는 오늘 조선이 독립국이며 조선인이 자주민임을 선언한다!"

학생들은 자리에 앉아 엄숙한 표정으로 경청했습니다. 오늘을 위해 숨죽여 준비한 시간이 머릿속에 스쳤습니다. 그들의 눈에는 굳은 의지가 빛났습니다.

"이를 세계 만국에 알려……."

바로 그때, 식당 문이 열리면서 교장 와그너가 뛰어 들어와 외쳤습니다.

"스톱, 스톱!"

와그너는 이경지의 손에서 독립 선언서를 빼앗으며 소리쳤습니다.

"안 돼요! 모두 기숙사로 돌아가요! 여러분이 다치는 걸 두고 볼 수 없습니다."

학생회장 이경채가 일어났습니다.

"선생님, 우리를 막지 마세요! 만세 시위는 평화로울 거예요."

와그너는 빼앗은 독립 선언서를 높이 들고 단호하게 말했습니다.

"아니, 여러분은 모릅니다. 어젯밤에 사람들에게 이걸 나눠 주던 충교 교회 어윤희 여사가 체포됐어요. 일본 경찰이 여러분에게 무슨 짓을 할지 몰라요!"

와그너는 학생들을 모두 기숙사로 돌려보냈습니다. 이경지는 교장실에 갇혔고요.

그러나 이대로 포기할 수 없었습니다. 학생 대표들은 개성에 있는 다른 학교와 힘을 모아야겠다고 생각했습니다. 호수돈여학교와 미리흠여학교가 합치니 시위대는 모두 70여 명이 되었습니다.

이들은 3월 2일 밤에 모여 "우리는 결사 동지이니 만일 배신하는 사람이 있으면 살아남은 동지가 그자를 처단하자."는 내용의 선서문을 작성했습니다. 그리고 7명이나 10명씩 '행동조'를 짜서 움직이기로 했습니다.

3월 3일, 만세 시위 계획을 눈치챈 일본 경찰은 날이 밝자 호수돈여학교 정문에 기마대를 배치하고 삼엄하게 감시했습니다. 하지만 학생들은 뒷문으로 빠져나와 거리 곳곳에서 만세 시위를 벌였습니다. 학생들의 시위를 본 개성 주민들이 열렬히 호응하여 시위대는 점점 늘어났습니다.

일본 헌병과 경찰은 시위를 이끌던 학생들을 체포해 헌병대 운동장에 몰아넣었습니다. 그러자 몇 시간 후 1,000여 명의 개성 주민들이 우마차를 끌고 와 헌병대 정문을 밀어낸 뒤 운동장으로 들어가서 학생들과 함께 계속 만세를 외치는 진풍경이 벌어졌습니다.

버선목에 숨긴 독립 선언서 호수돈 비밀 결사대의 활약에 힘입어 개성에서는 3월 3일부터 10여 차례나 만세 운동이 이어졌습니다. 학생들이 만세 운동에 참여하는 것을 막아야겠다고 판단한 조선 총독부는 3월 5일 각급 학교에 휴교령을 내렸습니다. 호수돈여학교도 휴교에 들어가, 기숙사에 있던 학생들은 학교에 남아 있을 수 없었습니다. 그러나 이 조치에 따라 지방 학생들이 고향으로 돌아가면서 만세 운동 소식이 전국 곳곳에 전해졌습니다.

호수돈 비밀 결사대의 구성원이었던 조화벽도 고향인 강원도 양양으로 돌아가야만 했습니다. 강원도 지역은 험준한 태백산맥에 가로막혀 다른 지역과 소통이 원활하지 못했기 때문에 만세 운동의 물결이 미치지 않았습니다. 학교를 떠나기 전부터 조화벽은 고향에서 거사를 일으킬 준비를 했습니다. 조화벽은 버선목의 실밥을 터서 솜 안에 독립 선언서 한 부를 넣은 뒤, 바느질로 다시 촘촘히 꿰맸습니다.

조화벽은 양양으로 떠났습니다. 손에 든 가죽 가방에는 독립 선언서를 숨긴 버선이 들어 있었지요.

만세 운동이 전국으로 확산될 낌새가 보이자 일본 경찰은 지방 도시를 드나드는 길목에서 조선인을 샅샅이 검문했습니다. 조화벽 또한 검문을 피할 수 없었습니다.

"어디에서 오는 길인가?"

"개성입니다."

"오호, 네가 바로 개성 호수돈여학교의 조화벽이로구나. 당장 체포해!"

개성에서 시위를 이끈 조화벽이 양양에 온다는 정보를 입수한 일본인 경찰서장은 그를 체포해 심문했습니다. 오랫동안 심문해도 별 소득이 없자, 서장은 조화벽을 관사로 데려가 자기 딸과 한 방을 쓰게 하며 회유하려 했지만 그는 조금도 굽히지 않았습니다. 버선목에 숨긴 독립 선언서도 끝내 들키지 않고 지켜 냈지요.

조화벽은 성내리에 있는 집에 무사히 도착했습니다. 그리고 곧장 감리교회 청년 지도자 김필선과 김주호 등을 만나서 어렵사리 가져온 독립 선언서를 전했습니다. 이때부터 강원 지역에서 가장 치열하게 펼쳐진 양양 만세 운동이 시작됐습니다.

조화벽 지사의 가방 (국립여성사박물관 소장)

**전국에서 손꼽힐 만큼
조직적인 대규모 만세 운동**

조화벽에게서 독립 선언서와 태극기를 건네받은 청년들은 일본 경찰의 끈질긴 감시를 피하고자 성내리 외곽의 상엿집으로 들어갔습니다. 상여와 장례 도구를 보관해 두는 상엿집은 평소 사람들이 전혀 드나들지 않는 곳이었으니까요. 그들은 어둠 속에서 태극기를 만들고 독립 선언서를 등사했습니다. 눈코 뜰 새 없이 바쁜 손놀림 속에서도 힘든 줄을 몰랐습니다.

옆 마을 임천리에서도 옥양목과 백지에 그린 1,100여 장의 태극기를 완성했다는 소식이 들려왔습니다. 그런데 거사 하루 전날, 누가 밀고하는 바람에 등사기와 태극기 수백 장을 압수당하고 주모자 청년들이 잡혀갔습니다. 분한 일이었지만 그렇다고 이튿날로 예정된 거사를 포기할 수는 없었습니다.

거사일로 정한 4월 4일은 양양 장날이었습니다. 강원도 안에서도 규모가 큰 양양 장날은 각처에서 장꾼들이 모여들어 인산인해를 이루기 일쑤였습니다. 그러니 경찰이 그 많은 장꾼의 몸과 짐을 일일이 수색하기는 불가능했지요.

시위대는 양양 읍내의 사방에서 하나둘 모여들어 징과 꽹과리를 치며 대한 독립 만세를 외쳤습니다. 경찰서로 몰려간 일부 시위대는 전날 임천리에서 체포된 청년 22명을 석방하라고 요구했습니다.

이때 손양면 가평리 구장 함홍기는 경찰서장실로 뛰어들어 일본 경찰서장 사타쿠 앞에서 화로를 들어 올렸습니다. 그러자 일본 경찰 두 명이 함홍기의 한쪽 팔을 칼로 내려치며 화로를 내려놓으라고 했지만 그는 항복하지 않았습니다. 나머지 팔까지 칼로 내려친 경찰은 끝내 함홍기의 목을 찔러 죽였습니다.

4월 9일에는 현북면 일대의 군중 1,000여 명이 관고개를 넘어 기사문리의 일본 경찰 주재소에서 만세를 불렀습니다. 그곳에 숨어 있던 일본군 수비대와 경찰이 무차별로 총을 쏘아 시위대 가운데 9명이 죽고 수십 명이 다쳤습니다. 이들이 넘어온 관고개는 해방 이후 '만세고개'라고 불리면서 양양 군민들의 자부심이 담긴 장소가 되었습니다.

이렇게 조화벽이 들고 온 독립 선언서 한 장으로 시작한 양양의 만세운동은 4월 4일부터 5월 9일까지 한 달 넘게 이어졌습니다. 양양군 전체 7개 면 132동리 가운데 6개 면 82동리에서 참가해 사망 11명, 부상 50명, 체포 인원 1,000명이나 되는 규모였지요. 서울과 천안을 제외하면 지방에서 가장 조직적이고 계획적으로 일어난 시위이기도 했습니다.

일제가 시위에 참가한 사람들을 잇달아 검거하자 조화벽은 한동안 강원도 양구의 산속에서 누에를 치며 몸을 숨겼습니다. 그 뒤 조화벽은 무사히 개성으로 돌아가 학교를 졸업했으며, 이후 유관순 열사의 오빠인 유우석과 결혼하여 독립운동과 교육 운동에 이바지하는 삶을 살았습니다.

유관순과 이름을 남기지 못한 사람들의 이야기

이화여고보 학생, 열일곱 살의 유관순

서울에서 시위가 점점 고조되자 일제는 학생들의 참여를 막기 위해 3월 10일 전국에 휴교령을 내렸습니다. 유관순도 3월 13일 고향인 충남 천안으로 내려왔습니다. 그는 아버지 유중권에게 가방 속에 숨겨 온 독립 선언서를 내보이며 서울의 상황을 전했습니다.

"아버지, 서울에서 일어나는 일을 이곳 사람들도 알아야 해요."

"그래, 최대한 많은 사람들에게 소식을 알려 보자꾸나."

그러나 유관순의 생각은 그게 다가 아니었습니다.

"그런데 아버지, 우리도 뭔가 해야 하지 않을까요? 서울의 만세 운동을 억누른다고 다 끝나는 게 아니라는 걸 일본에 보여 줘야 해요!"

이 말을 들은 아버지는 한편으로 걱정이 되었지요. 천안에서 만세 운동이 일어나면 일본 경찰이 가만둘 리 없기 때문입니다.

하지만 유중권 곁에는 그를 따르는 청년이 많았습니다. 그 청년들과 함께 천안 사람 모두의 힘을 모을 수만 있다면 그리 두려울 것도 없다는 이야기가 오갔습니다. 드디어 그들은 거사를 결심했습니다.

다음 날부터 유관순은 낮에는 천안과 주변 지역의 학교와 교회를 찾아

다니며 거사 계획을 알렸고, 밤에는 사람들에게 나누어 줄 태극기를 만들었습니다. 열일곱 어린 나이에 쉬운 일이 아니었지만, 유관순은 독립을 바라는 한결같은 마음으로 수많은 고개를 넘고 내를 건넜습니다.

**아우내장터에
뜨거운 함성이 울려 퍼지다**

1919년 4월 1일, 천안 아우내장터에는 정말 놀라울 만큼 많은 사람들이 모여들었습니다. 1,000명이 넘는 사람들이 한 자리에 모였지요. 유관순은 가슴 깊은 곳에서 뜨거운 무언가가 솟아오르는 것을 느꼈습니다. 그는 사람들 사이를 비집고 다니며 목이 터져라 외쳤습니다.

"여기 태극기 받으세요! 품속에 숨겨 두었다가 일제히 꺼내 만세를 부를 거예요!"

"여보게, 저 아이가 서울 이화학교에 다닌다는 유중권 선생의 둘째 딸 아닌가?"

시위대 중에는 오래전부터 향촌 유지들과 함께 교회를 세워 민중 계몽 운동을 벌여 온 유중권 선생의 딸을 알아보는 사람들도 있었습니다.

오후 1시 무렵, 독립운동가 조병옥의 부친인 조인원이 독립 선언서를 낭독하고 대한 독립 만세를 외치면서 드디어 만세 시위가 시작됐습니다. 시위대는 '대한 독립'이라고 쓴 커다란 태극기를 앞세우고 대한 독립 만세를 외치며 거리를 누볐습니다.

수천 명의 군중이 다 같이 함성을 지르며 움직이자 일본 헌병은 겁을

먹었습니다. 마침내 그들은 주재소로 다가오는 군중을 향해 총을 쏘아 댔습니다. 순식간에 수십 명의 사상자가 생겨났습니다.

이때 유중권도 "왜 사람을 함부로 죽이느냐!"고 항의하다가 일본 헌병의 총검에 머리와 옆구리를 찔려 쓰러졌습니다. 이를 보고 격분한 유관순의 어머니도 헌병에게 달려들다 목숨을 잃었습니다. 눈앞에서 부모를 한꺼번에 잃은 유관순은 큰아버지 유중무와 조인원 등과 함께 군중을 이끌고, 부친의 시신을 둘러메고 병천 헌병 주재소로 가서 항의 시위를 계속합니다.

　수많은 사상자가 나왔는데도 시위대의 규모는 갈수록 커졌습니다. 오후 4시가 되자 시위대는 3,000여 명으로 늘었습니다.

　시위대는 총에 맞거나 총검에 찔려 죽은 시체를 헌병 주재소로 옮기고 부상자 치료를 요구하면서 항의했습니다. 그러나 헌병들은 권총까지 사용해 가며 더욱 거칠게 나왔습니다.

　이날 아우내장터 만세 시위는 19명의 사망자와 30명의 중상자가 나올 만큼 격렬했습니다. 그리고 유관순을 비롯한 많은 참가자가 체포되어 감옥에 갇히는 고초를 겪어야 했습니다. 재판 끝에 유관순은 3년 형을 선고받았지만, 재판 결과가 부당하다며 항의했다는 이유로 법정 모독죄가 추가되어 5년 형을 선고받고 복역합니다. 중간에 영친왕의 결혼으로 특

유관순의 수형 기록표(국사편찬위원회 소장)

별 조치가 내려져 형기가 1년 6개월로 줄어들었지만, 유관순은 끝내 서대문형무소를 나오지 못하고 고문 후유증으로 옥중에서 숨을 거둡니다. 유관순의 나이 열여덟이었습니다.

그날의 만세 시위에 온 가족이 희생당한 유관순 열사를 비롯해 많은 사람들이 함께한 아우내장터 만세 운동은 오늘날까지 우리 국민의 가슴에 깊이 남아 있습니다.

충북 영동 독립군나무 충청북도 영동은 오랫동안 서울과 남부 지방을 이어 주는 통로 구실을 해 왔습니다. 영동을 거쳐야 전라도와 경상도로 내려갈 수 있었지요. 3·1운동이 일어난 직후 독립 선언서를 품에 숨기고 전국 각지로 흩어진 독립운동가들과 학생들에게도 영동은 꼭 거쳐야 하는 길목이었습니다. 그들은 서울의 뜨거운 함성을 다른 도시로 전하기 위해 일제의 눈을 피해 먼 길을 이동했습니다.

일본 경찰은 영동 지역을 삼엄하게 경비했습니다. 이곳에 있는 작은 마을 박계리도 주요 감시 대상이었지요.

"순사들이 마을 밖으로 완전히 나갔어."

마을 청년 하나가 주막으로 뛰어들어와 소식을 전했습니다.

"알았네. 숲에 숨은 사람들이 볼 수 있도록 해가 지기 전에 어서 신호를 하세."

주막 주인은 급히 어린 아들을 불렀습니다.

"막둥아! 오늘은 네가 다녀오너라. 포도밭 박 영감님이 널 지켜봐 주실 거야. 나무에 올라갈 때 다치지 않게 조심하고!"

"예, 아버지. 걱정 마세요!"

높은 산에 둘러싸인 이 마을은 날이 일찍 저뭅니다. 소년은 금세 어둑해진 마을 길을 달려갔습니다. 더 어두워지기 전에 도착해야 했습니다. 소년의 손에는 흰색 천 여러 장이 들려 있었습니다. 마을 어귀에 있는 아름드리 느티나무에 이르자 소년은 팔을 걷어붙이고 능숙하게 나무에 올랐습니다.

그때 느티나무 바로 앞집에서 할아버지 한 분이 나와 소년을 바라보았습니다. 할아버지는 아무 말 없이 주변을 살피면서 소년의 곁을 지켰습니다.

힘 닿는 데까지 높이 올라간 소년은 손에 쥔 하얀 천을 가지에 하나씩 매달았습니다. 멀리서도 알아볼 수 있을 정도로 여러 장 내걸린 하얀 천이 저무는 놀빛을 안고 바람에 나부꼈습니다.

　소년이 나무에서 내려와 돌아가자, 숲속에서 한 무리의 사람들이 모습을 나타냈습니다. 소년이 매단 흰색 천은 일본군이 마을을 떠났다는 신호였습니다. 사람들은 나무 앞을 지나쳐 포도밭 주인 할아버지에게 눈인사를 하고는 얼른 마을을 빠져나갔습니다.

　지금도 충북 영동군 학산면 박계리에 당당히 서 있는 이 느티나무는 350살 나이에 둘레 10미터, 높이 20미터로, 마을 어디에서나 잘 보이는

웅장한 모습을 자랑합니다. 사람들은 이 나무를 '독립군나무' 또는 '독립투사 느티나무'라 불렀습니다.

  일본군이나 경찰이 마을을 비울 때마다 마을 사람들은 나뭇가지에 하얀 천을 매달아 신호를 보냈습니다. 일본의 감시를 피해 숨어 있던 독립군과 독립운동가들이 안전하게 지나다닐 수 있게 말입니다. 3·1운동 때부터 해방의 그날까지, 온 마을이 하나가 되어 도왔지요. 영동 독립군나무는 우리 독립운동사에서 당당히 한몫을 해내며 독립을 향한 민족의 열망을 말없이 지켜봐 온 살아 있는 증인입니다.

양반 마을의 여성 독립운동가, 김락

남편의 귀향으로 시작된 소용돌이

우리나라에서 독립 유공자가 가장 많은 곳은 경상북도입니다. 을사조약 이후 나라를 지키지 못한 죄를 스스로에게 물어 자결한 인물이 가장 많은 지역도 바로 경북입니다. 만세 운동의 함성 또한 어느 지방에 못지않았지요. 김락은 안동의 독립운동을 말할 때 절대 빼놓을 수 없는 여성 독립운동가입니다. 안동 내앞마을에 자리 잡은 김락의 집안은 늘 앞장서서 일제에 저항해 왔습니다.

1919년 3월, 고종의 장례식에 참가하기 위해 서울로 갔던 김락의 남편

김락이 살던 집
(문화재청 제공)

이중업이 돌아와 말했습니다.

"부인, 내 뜻한 바가 생겼소. 안동에 있는 유림들을 모아야겠소."

"왜요? 서울에서 무슨 일이라도 있었나요?"

"큰 시위가 일어났소. 대한 독립을 외치며 만세를 부른 사람들이 얼마나 많았는지, 부인도 봤으면 좋았을 텐데."

"아니, 대체 누가 시위를 벌였나요? 고종 황제 장례식 때 모인 사람들이요?"

"서울에서는 벌써 2월부터 준비했다는군요. 장례식 이후에는 수천이나 되는 사람들이 거리로 뛰쳐나왔어요."

"일본 순사들이 가만있지 않았을 텐데요?"

"그렇소. 많은 사람들이 다치고 잡혀갔소. 그 사람들이 풀려나기 위해서라도 우리가 힘을 보태야 하오."

그날부터 남편 이중업은 안동 예안면의 면사무소에서 여러 유림과 함께 거사를 의논했습니다. 안동에는 퇴계 이황의 학풍을 잇는 유림이 많았지요. 이중업은 유림을 중심으로 지역 주민들을 몰래 모아 나갔습니다.

안동 최초의 만세 운동에 온 집안이 나서다

3월 17일, 예안장터 주변에는 장날이라 모여든 상인들과 거사를 함께하기로 약속한 군중이 뒤섞여 북새통을 이뤘습니다. 서울의 소식을 벌써 전해 들은 일본 경찰은 장터에 여느 장날보다 많은 인파가 몰린 이유를 알고 있었습니다. 하지만 시위가 일어났을 때 이 많은 군중을 진압하기에는 경찰의 수가 터없이 부족했습니다.

"만세! 대한 독립 만세!"

갑자기 어디서 만세 소리가 들려왔습니다. 그런데 이상하게도 그 소리는 너무나 먼 곳에서 들려왔지요.

"저기 좀 봐!"

그때 누가 외쳤습니다. 사람들은 일제히 면사무소 뒷산 쪽으로 고개를 돌렸습니다. 20~30명의 사람들이 산기슭에 모여 서서 두 팔을 번쩍 들고 만세를 부르고 있었습니다. 바로 거사를 알리는 신호였습니다.

그러자 장터 여기저기에서도 만세를 외치는 사람들이 나타났습니다. 미리 30명씩 3개 조로 나누어 장터 바깥에서 기다리던 시위대였지요. 시위대는 한꺼번에 장터 가운데로 몰려들어 순식간에 군중을 이루었습니다.

"대한국은 자주독립국이다! 대한 독립 만세! 만세!"

우렁찬 외침에 거사 계획을 몰랐던 사람들까지 덩달아 마음이 뜨거워졌습니다. 모두들 한마음으로 일본이 들으라고 더욱 힘차게 외쳤습니다.

일본 경찰은 선두에서 목청껏 만세를 외치는 몇몇 사람을 주동자로 보고 총칼로 위협해 체포했습니다. 모두 15명이 주동자로 몰려 주재소로 끌려갔습니다. 사람들은 어쩔 수 없이 흩어지고 말았습니다. 그러나 오후 6시께 사람들은 다시 장터로 몰려들었습니다. 일본 경찰의 폭압에 격분한 사람들이 마을로 돌아가 더 많은 사람들을 불러 모은 것입니다. 그리하여 시위대는 1,500명으로 불어났습니다.

시위대 중에는 김락과 남편 이중업, 그리고 두 아들도 함께 있었습니다. 이때 김락의 나이 57세였습니다. 그들은 주재소 앞으로 몰려가 구금한 사람들을 석방하라고 요구했지요. 일본 경찰은 다시 칼과 공포탄으로 위협하며 25명을 체포했는데, 김락도 그중 한 명이었습니다.

이날부터 김락은 일본 경찰에게 혹독한 취조를 당했습니다. 안동에서 만세 운동이 꾸준히 확산되고 있었기 때문에 일본 경찰은 체포한 사람들에게서 앞으로의 거사 계획을 알아내는 게 급선무였지요.

"너희가 아무리 나를 고문하고 짓밟아도 나는 아는 게 없다. 앞으로도 없을 것이다."

"그래? 여자라고 봐줬더니 아무래도 안 되겠구나. 네까짓 게 무슨 투사라도 되는 줄 아느냐?"

그들은 김락을 바닥에 쓰러뜨리고 사정없이 짓밟았습니다. 경찰의 발길질이 얼굴을 강타하자 김락은 엄청난 고통에 비명을 지르며 정신을 잃었습니다.

두 눈이 멀어도 지켜 낸 독립의 정신

안동에서 시위가 잦아들자 김락은 풀려났습니다. 주재소 앞에서는 두 아들이 기다리고 있었습니다.

그런데 주재소를 나서는 김락은 천으로 두 눈을 가린 채였습니다.

"어머니! 대체 이게 웬일인가요?"

"아니, 어머니! 눈이 어떻게 되신 거예요?"

안타깝게도 김락은 경찰의 발길질에 두 눈이 멀고 말았습니다. 이런 비극에도 이중업과 두 아들은 독립운동을 멈추지 않았습니다. 이들의 독립운동을 귀로만 전해 듣고, 이듬해에 남편이 병으로 죽었을 때도 시신을 눈으로 확인할 수 없었던 김락은 이것이 오랜 싸움의 시작일 뿐이라는 사실을 알았습니다.

전국에서 의병이 가장 먼저 일어난 곳, 순절자가 가장 많은 곳, 유림의 혁신 인사들이 구국 계몽 운동을 이끌고 만주로 집단 망명하여 독립군 기지를 세우기도 했던 안동의 독립 정신을 말할 때, 결코 빠뜨릴 수 없는 여성 독립운동가 김락의 삶은 이러했습니다.

학생들이 주도한 대구의 만세 운동

기발한 시위대   대구에서는 안동보다 조금 이른 3월 8일에 만세 운동이 일어났습니다. 참가자가 대부분 농민이었던 안동과 달리, 대구 만세 운동의 중심은 학생이었습니다. 그중에서도 계성학교지금의 계성고등학교와 신명여학교지금의 신명여자고등학교, 대구고보지금의 경북고등학교 학생들이 많았습니다. 여기에는 선생님들의 도움도 컸다고 전해지는데, 교장과 일본인 선생을 제외한 거의 모든 선생님이 학생들과 힘을 모아 거사를 준비했습니다.

신명여학교 학생들은 서울에서 일어난 만세 시위 이야기로 떠들썩했습니다. 1학년이었던 김학진은 학교에서 선배들이 하는 말을 듣고 가슴이 뜨거워졌습니다.

"공부도 중요하지만, 더 중요한 일은 우리나라가 자주독립을 이루는 거야. 독립이 우리의 살길이니 우리도 반드시 이 운동에 동참해야 해."

김학진은 지금껏 공부보다 중요한 일이 있다고는 전혀 생각하지 못했지요. 그렇지만 선배들이 주고받는 말 속에 참된 뜻이 담겨 있다고 느꼈습니다.

"애들아, 잘 들어. 수천 명의 군중과 함께 만세를 부르며 뛰어다니려면 치마에 어깨끈을 다는 게 편리해. 그리고 혹시라도 일본 경찰에게 붙잡히면 어떤 모욕을 당할지 몰라. 그럴 때도 어깨끈이 있으면 몸을 지키는 데 유용할 거야."

"네, 언니!"

어떤 후배는 이런 의견도 내놓았습니다.

"태극기도 손에 들고 다니기보다는 크게 만들어 가슴에 매는 편이 낫겠어요."

"그거 좋은 생각인걸! 자, 서두르자. 시간이 별로 없어."

그런데 한 선배는 걱정이 생겼습니다.

"우리가 다 같이 교복 차림으로 기숙사를 빠져나가 약속 장소로 가다간 일본 경찰에게 금세 들킬 거야."

"맞아요. 그래서 계성학교 학생들은 교복 대신 봇짐장수 옷을 구해 입기로 했대요."

"좋아, 그렇다면 우리는 각자 대야를 하나씩 들고 가자. 대야에 수건 한 장씩 담아서 말이야."

"빨래터에 가는 것처럼 말이죠?"

"그래. 약속 장소에 이르면 대야는 어디든 던져 버리지, 뭐."

"좋아요!"

"기발해!"

거사를 준비하는 동안 신명여학교 기숙사에는 밤낮이 따로 없었습니다. 학생들은 태극기를 만들고 입고 나갈 옷을 준비하느라 날마다 밤을

꼬박 새웠습니다.

왜 너 혼자만 돌아왔느냐   약속 장소는 대구에서 가장 큰 시장이자 조선 3대 장이라 불리는 서문시장이었습니다. 3월 8일을 거사일로 정한 것도 이날이 장날이기 때문이었지요. 김학진이 선배, 동급생들과 함께 약속 장소에 도착했을 때는 벌써 많은 사람들이 만세를 부르고 있었습니다. 주민, 상인, 학생 할 것 없이 모여든 시위대는 마치 거대한 떼구름 같았습니다. 계성학교와 대구고보 학생들도 눈에 띄었어요.

신명여학교 학생들도 시위대에 합류하여 행진을 시작했습니다. 행렬은 어느덧 대구경찰서에 다다랐습니다. 시위대의 만세 소리는 천지를 뒤흔들 만큼 우렁찼지요.

그때 난데없이 말을 탄 일본 군인과 경찰이 시위대 한가운데로 돌진했습니다. 시위대는 놀라서 순식간에 이리저리 흩어지고 말았습니다. 말을 타지 않은 경찰들은 시위대에게 마구잡이로 몽둥이를 휘둘렀고, 맞아 쓰러진 학생들을 포승줄로 묶어서 끌고 갔습니다.

그러나 몽둥이질을 당하면서도 끝까지 독립 만세를 외치는 학생들도 있었지요. 어떤 청년은 두 팔을 번쩍 들어 말을 막아서고는 자진해서 체포되기도 했습니다.

일본 경찰은 김학진이 아주 어려 보였는지 눈길도 주지 않고 지나쳤습니다. 진압이 점점 과격해지자 선배 이인숙이 김학진의 손을 잡아끌고 자기 집으로 데려가 잠시 숨겨 주었습니다. 김학진은 밤을 틈타 집으로 돌아갔지만, 한동안 밖으로 나올 엄두도 내지 못하고 집에서만 지내야 했습니다.

그날 서문시장에 모였던 1,000여 명의 사람들 가운데 157명이 체포되었다는 소식이 들려왔습니다. 그중에는 계성학교 학생 46명과 신명여학교 학생 50명, 대구고보 학생 48명이 있다고 했습니다. 할머니와 어머니는 학생들이 이렇게 많이 잡혀갔는데 김학진은 무사히 집에 와서 다행이라고 했지만 아버지는 달랐습니다.

"왜 너 혼자만 돌아왔느냐. 감옥에 간 다른 학생들의 마음은 어떨꼬."

김학진은 아버지의 이 말을 오래도록 잊을 수 없었습니다.

잡혀간 시위대 가운데 전·현직 교사를 비롯해 많은 학생들이 실형을 선고받았습니다. 그러자 대구 시내에서는 이에 저항하는 동맹 휴업이 이어졌고, 만세 시위는 겨우 며칠 사이에 경북 영천과 예천·안동, 그리고 더 남쪽인 부산까지 퍼져 갔습니다.

곡창 지대 전라북도의 만세 운동

한강 이남에서 가장 먼저 일어난 군산

1919년 2월 26일, 영명학교_{지금의 군산제일고등학교} 출신으로 세브란스 의학전문학교_{지금의 연세대학교 의과대학}에 재학 중이던 김병수는 군산 지역에서 만세 운동을 이끌어 보라는 권유에 독립 선언서를 품고 군산에 도착했습니다.

김병수는 영명학교 교사 박연세의 집에서 군산 청년들을 만났습니다.

"이걸 한번 펴 보십시오."

그는 가방에서 독립 선언서 한 뭉치를 꺼냈습니다. 사람들은 소문으로만 듣던 독립 선언서를 비로소 두 눈으로 보았지요.

박연세가 말했습니다.

"서울에선 이걸 사람들 앞에서 낭독한다는 거지? 그러고 나서 만세 시위를 할 거고?"

옆에 있던 고석주는 두근거리는 가슴을 진정하기 어려웠습니다. 지난 10년 동안 하와이에서 안창호, 이승만 등과 함께 독립운동을 해 온 고석주는 서양 문물을 배우고 익혀서 우리 민족의 나아갈 길을 밝히는 것이 자신의 임무라고 생각했습니다. 그래서 귀국한 뒤 영명학교에서 교사로 일하고 있었습니다.

"맞습니다. 그리고 서울에서는 이곳 군산에서도 만세가 이어지기를 바라고 있어요."

"그래, 우리도 못할 것 없지. 시간이 빠듯하지만 최대한 빠른 시일 내에 거사를 준비해 보겠네."

다음 날 김병수는 떠나고, 고석주와 박연세는 영명학교 교사들을 중심으로 거사 준비에 들어갔습니다. 그들은 수천 장의 독립 선언서를 마련하고 태극기를 만들었으며, 학교는 물론 지역 교회와도 연락하여 군산 장날인 3월 6일에 거사하기로 했습니다.

그런데 거사 전날인 3월 5일, 일본 경찰에게 모든 계획이 발각되는 바람에 주동한 교사 몇 명이 잡혀갔습니다. 남은 교사들은 거사를 앞당기기로 결정하고, 함께 계획을 세운 사람들에게 연락했습니다.

다급하게 모여든 학생과 주민, 교회 신도 500여 명이 대한 독립 만세를 외치며 시내를 행진하기 시작했습니다. 누가 시키지 않아도 학생들은 태극기와 독립 선언서를 사람들에게 나눠 주기 위해 이리저리 뛰어다녔습니다. 시위대 일부는 군산경찰서로 달려가 구속된 교사들을 석방하라고 요구했고요.

당황한 일제 군경은 서둘러 주동 인물을 체포해야겠다고 판단하고 영명학교와 군산구암교회를 수색했습니다. 미처 다 나눠 주지 못한 200여 장의 독립 선언서 뭉치가 영명학교에서 발견되었고, 고석주를 비롯하여 학교에 있던 교사들이 체포되었습니다.

한강 이남 지역 가운데 가장 이른 시기인 3월 5일에 시작한 군산의 만세 운동은 5월까지 모두 28번 일어났으며, 5만 1,500명이 참가했다고 알려져 있습니다. 그 무렵 군산 인구를 생각하면 군산 주민 1명이 만세 시위에 적어도 4번을 참가한 셈이었지요. 사망 53명, 부상 72명, 투옥 195명의 희생자가 나온 군산의 만세 운동은 전북 지역 최초이자 최대의 만세 시위였습니다.

두 팔을 잘라도 만세의 함성은 막을 수 없다

1919년 3월 27일과 29일 이리역지금의 익산역에서 일어난 만세 운동은 놀라운 장면을 연출했습니다.

문용기와 최대진, 김만순 등 기독교 인사들은 각 교회에서 쓰던 재래식 복사기로 독립 선언서 수만 장을 만들어 두었다가, 역에 열차가 정차한 동안 승객들에게 나눠 주었습니다.

"잘 들으세요! 열차가 출발하기 직전에 만세를 외쳐야 합니다. 그러지 않으면 위험해요!"

문용기는 승객들에게 큰 소리로 알려 주고는 승강장 한쪽에 숨었습니다. 선언문을 읽은 수백 명의 승객들이 열차 밖으로 뛰쳐나와 승강장에서 만세를 외쳤습니다.

"일본은 조선 땅을 떠나라!"

"대한은 독립국이다!"

"대한 독립 만세!"

"이니, 서섯늘이! 당장 저놈들을 잡아 와!"

뒤늦게 상황을 알아챈 일본 군경들이 승객들을 잡으려고 죽을힘을 다해 달렸지만, 열차는 다시 안으로 뛰어오른 승객들을 태우고 곧 출발해 버렸습니다.

이 사건으로 일본군은 이리역을 더욱 철저하게 감시했습니다. 며칠 뒤에 만난 문용기와 지도부 사람들은 고민에 빠졌습니다.

"아무래도 이제 이리역에서는 힘듭니다."

"나도 들었네. 일본군이 이리역을 감시하면서 드나드는 사람들을 검문

한다지?"

"장날을 이용해 대대적인 거사를 한번 준비해 보면 어떻겠습니까?"

이리 장날인 4월 4일 낮 12시. 장터에는 이리와 익산 지역 기독교인들을 포함해 300여 명의 사람들이 모여들었습니다. 시위대는 문용기의 지휘에 따라 독립 선언서를 나누어 가지고 줄을 지어 거리를 행진했습니다. 누가 독립 선언서를 큰 소리로 낭독했고, 장터는 이내 함성으로 가득 찼습니다.

그중에는 휴교령으로 서울에서 내려온 학생도 여럿 있었고, 군산에서 만세 운동을 이끌어 낸 김병수도 있었지요. 시간이 지날수록 사람들이 점점 더 많이 모여들어 순식간에 1,000여 명이 된 시위대가 장터를 빽빽이 메웠습니다.

일본 헌병대는 시위대를 해산하려 했지만 뜻대로 되지 않았습니다. 그러자 소방대와 농장에서 일하는 일본인 수백 명을 동원하여 창검과 총, 곤봉, 갈고리를 휘두르며 무차별로 진압했습니다. 여기저기에서 비명 소리가 들리고, 시위대는 그대로 흩어지는 듯했습니다.

이때 사람들을 데리고 뒤늦게 시위에 합류한 김만순이 일본의 위협에 굽히지 않고 외쳤습니다.

"여러분! 우리나라를 빼앗기느냐, 다시 찾느냐가 걸린 중요한 순간입니다. 물러서지 말고 끝까지 대한 독립 만세를 외칩시다!"

"옳소! 끝까지 갑시다!"

김만순의 외침에 누가 힘을 보태자 다시 함성이 터져 나왔습니다. 만세 소리는 오랜 시간 그칠 줄을 몰랐습니다. 그러나 마구잡이로 총을 쏘고 칼을 휘두르는 일본군 앞에 시위대는 하나둘씩 쓰러져 갔습니다. 김병수를 비롯한 여러 학생도 총칼에 찔려 어느새 저고리가 붉게 물들었습니다.

이때 문용기가 '조선 독립 만세'라고 쓴 커다란 태극기를 높이 들고 앞으로 나아갔습니다. 그러자 뒤에서 그의 행동을 주시하던 헌병 한 명이 두 눈을 부릅뜨고 달려갔습니다.

"이런 조센진!"

헌병은 긴 칼을 들어 태극기를 든 문용기의 오른손을 내려쳤습니다. 목청껏 만세를 부르던 문용기는 외마디 비명을 질렀고 하늘 높이 휘날리던 태극기는 땅에 떨어졌지요. 그러나 놀랍게도 문용기는 왼손으로 다시 태극기를 움켜잡았습니다.

"조선 독립 만세! 만세!"

그러자 더욱 화가 치민 헌병은 문용기의 왼손마저 베어 버렸습니다. 문용기는 온몸이 피투성이가 된 채 앞으로 뛰어가며 외쳤습니다.

문용기가 입었던 두루마기(독립기념관 소장)

"여러분! 여러분! 나는 이 붉은 피로 우리 대한의 새 정부를 도와 여러분으로 하여금 대한의 산 국민이 되게 하겠소."

헌병들은 다시 달려들어 총검으로 문용기를 사정없이 찌르고, 쓰러진 그의 머리를 계속해서 구타했습니다. 안타깝게도 문용기는 그 자리에서 그대로 숨을 거두고 말았습니다. 그의 나이 41세였습니다.

이날 시위에서 문용기 외에도 박영문·서공유·장경춘·박도현·서정만 등 애국지사 6명이 사망했고, 10여 명의 부상자가 나왔습니다. 이들의 죽음과 부상에 분노한 30여 명의 사람들이 일본 헌병에게서 권총과 칼, 곤봉을 빼앗아 헌병들을 때리고, 일본인 가게에 쳐들어가 물건을 부수는 등 시위는 점점 격렬해졌습니다.

나라를 잃은 건 어른들만이 아니잖아요

"선생님, 우리도 하게 해 주세요!"

1919년 3월 10일, 임실군 오수면에서는 전국에서 최초로 초등학생들이 거리로 나와 독립을 외쳤습니다.

오수보통학교 교사 이광수는 아이들에게 독립 선언서를 읽어 주었습니다. 또 서울에서 일어난 3·1운동을 설명해 주었지요.

선생님의 이야기를 듣고 난 아이들이 말했습니다.

"우리도 하면 안 되나요?"

"뭘 말이냐?"

"만세 운동이요. 저도 나가서 외치고 싶어요."

"그건 너무 위험하단다. 어른들도 만세 운동에 나섰다가 많이 죽거나 다쳤어. 그리고 임실에선 아직 만세 운동 계획이 없단다."

그러자 한 아이가 좋은 생각이 떠오른 듯 말했습니다.

"우리가 먼저 해요, 선생님! 우리가 임실에서 제일 먼저 만세를 불러요."

"맞아요! 나라를 잃은 건 어른들만이 아니잖아요."

이광수는 고민에 빠졌습니다. 만세 운동에 참가하고 싶다는 아이들의 순수한 열정을 마냥 모른 척하기에는 마음이 아팠습니다. 그러다가 그는 가르치던 학생들만이라도 모아 조촐하게 만세 운동을 해 보자는 생각에 이르렀습니다. 일본 경찰도 초등학생의 만세 운동에는 위협을 느끼지 않을 테고, 아이들의 안전만 보장된다면 그리 힘든 일은 아닐 거라고 생각했습니다.

오수보통학교 학생들은 이광수의 지도에 따라 하루 동안 오수 시가지와 오수역에서 힘차게 만세를 불렀습니다. 이것이 오수 3·10 만세 운동으로, 초등학생이 일으킨 최초의 만세 운동입니다.

다행히 이날 만세 운동은 아무 탈 없이 끝났습니다. 그런데 상황이 바뀌었습니다. 아이들의 행동에 큰 충격과 자극을 받은 어른들이 대규모 만세 운동을 계획했기 때문이지요.

3월 15일과 23일 오수에서는 장수와 남원 등 인근 지역 주민까지 포함해 1,000여 명의 시위대가 모여 주재소를 습격하는 등, 만세 운동을 벌였습니다. 이날 시위는 작은 시골 마을 오수를 전국 10대 의거지에 들게 할 만큼 규모가 컸습니다. 4월 7일까지 이어진 시위에는 매번 평균 1,500여 명이 참가했다고 하니, 그 열기와 참여도가 얼마나 대단했는지 짐작이 가지요.

 이처럼 초등학생들의 순수한 설움과 분노가 어른들을 일깨운 오수 3·10 만세 운동은 역사에 길이 남을 특별한 사건이었습니다.

치열했던 광주의 만세 운동

"최후의 일인, 최후의 일각까지!"

"이걸 일본 유학생들이 썼단 말이지? 서울 사람들도 이 사실을 알고 있나?"

"그럼, 알다마다. 서울에선 고종 황제 장례에 맞춰 만세 운동을 계획하고 있다는군."

도쿄에서 돌아온 유학생 정경호가 조선청년독립단의 '2·8선언서'를 광주 청년들에게 전달하면서 광주에서도 만세 운동이 움트기 시작했습니다.

1919년 3월 5일 밤, 양림동에 있는 남궁혁의 집에서 숭일학교 교사 김철을 비롯한 기독교 청년들과 비밀 독서 모임 회원들이 거사를 논의했지요. 그중에는 서울에서 3·1운동을 직접 경험하고 내려온 사람도 있었습니다. 그들은 논의 끝에 거사일을 3월 8일로 정했습니다. 그러고는 독립 선언서의 마지막 구절을 성경 암송하듯 나지막이, 그러나 비장하게 말했습니다.

"최후의 일인, 최후의 일각까지!"

시위 주도자들은 거사일인 3월 8일까지 최선을 다해 준비했지만, 모든 일을 몰래 진행하기에는 어려움이 많았습니다. 게다가 광주와 가까운 여

수와 순천, 광양에서는 독립 선언서를 인쇄하다가 일본 경찰에게 발각되어 만세 운동이 좌절될 위기까지 겪었지요. 그들은 어쩔 수 없이 3월 10일 광주 장날로 시위를 미루고, 독립 선언서를 인쇄해 주변 지역에 나눠 주며 거사 계획을 알려 나갔습니다.

3월 10일 오후 3시 30분, 주도자들은 태극기를 앞세우고 광주교 아래에 모인 수백 명의 군중을 이끌며 냇가를 따라 장터 쪽으로 나아갔습니다. 농업학교 학생 등 수백 명이 합세하면서 시위대는 1,000여 명으로 불어났는데, 이때부터 다 함께 만세를 외치며 시내 한복판을 행진했습니다.

"조선 독립 만세!"

"일본은 물러가라!"

호남의 유관순, 윤형숙 열사

숭일학교 바로 옆에 자리한 수피아여학교 학생 윤형숙은 조옥희, 이봉금, 하영자 등 학우 20여 명과 함께 시위에 참가했습니다. 행진이 계속되면서 그들은 어느덧 시위대의 맨 앞에 서 있었습니다.

"이 시위는 허가되지 않았다. 당장 해산하라. 해산하지 않으면 발포하겠다!"

일본 헌병대였습니다. 1,000명이나 되는 시위대를 진압하기엔 힘이 부족하다고 생각한 일본 경찰이 헌병대에 출동을 요청한 것이지요.

그러나 시위 행렬은 멈추지 않고 앞으로 나아갔습니다. 헌병대가 겨눈 총부리가 눈앞에 점점 또렷이 보였습니다. 그래도 윤형숙은 흐트러짐 없이 친구들과 줄을 맞추어 앞으로 걸었습니다. 두려움이 커질수록 만세 함성은 절규에 가까워졌습니다.

"일본은 조선 땅을 떠나라!"

"대한 독립 만세! 만세!"

거듭되는 해산 명령에도 시위대가 기세를 굽히지 않자 헌병들은 총을 쏘기 시작했습니다. 총소리에 놀란 사람들이 이리저리 흩어졌지만, 선두에 있던 윤형숙은 어디로 피해야 할지 몰랐습니다. 갈팡질팡하는 윤형숙의 눈앞에 번쩍하고 섬광이 일었습니다.

"내가 그 태극기를 흔들지 못하게 해 주마!"

일본 헌병의 군도가 윤형숙의 오른팔을 내려쳤습니다.

"아앗!"

윤형숙은 비명을 지르며 쓰러졌습니다. 정신을 차려 보니 한쪽 팔이

윤형숙 열사와 만세 장면을 담은 조각 작품(윤치홍 제공)

잘려 나간 채였습니다. 윤형숙은 이를 악물고 바닥에 내팽개쳐진 태극기를 다른 쪽 팔로 들고 일어섰습니다. 그러고는 외쳤습니다.

"최후의 일인! 최후의 일각까지!"

윤형숙을 본 사람들이 다시 모여들었습니다. 시위대는 부상 입은 윤형숙을 보고는 더욱 격분하여 일본 군경에게 맞섰습니다.

이날 윤형숙을 포함한 100여 명이 한꺼번에 체포되었습니다. 또한 주도자 30명이 만세 시위로 재판을 받고 감옥에 갇혔지요. 고문 때문에 오른쪽 눈까지 실명한 윤형숙은 4개월의 옥고를 치르고 출소했습니다.

계속되는 일제의 압박에도 광주 시민들과 학생들은 4월까지 만세 시위를 이어 갔습니다. 광주의 만세 운동은 10년 뒤 우리나라 3대 독립운동의 하나로 꼽히는 '광주학생독립운동'으로 이어졌습니다.

호남의 유관순이라 불리는 윤형숙처럼 어린 학생 신분으로 독립운동을 이끈 사람은 수없이 많습니다. 이 학생들이 다닌 학교 중에는 기독교계 학교도, 교육 운동에 앞장선 민족 지도자들이 세운 학교도, 한학을 가르치는 서당도 있었습니다. 그러나 어떤 학교에 다니든 상관없이 그들은 배운 바를 실천했지요.

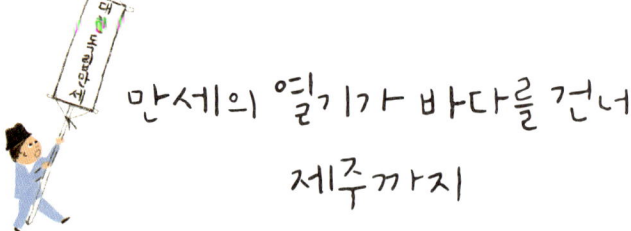

만세의 열기가 바다를 건너 제주까지

제주도로 전해진 독립 선언서

서울 휘문고보에 다니던 김장환은 일제의 휴교령으로 학교가 문을 닫자 1919년 3월 16일 고향인 제주 조천으로 내려갔습니다.

"이것입니다, 숙부님."

김장환은 짐 속에 잘 숨겨 온 독립 선언서 한 부를 숙부 김시범 앞에 꺼내 놓았습니다.

"그래, 이것만 읽어 주어도 분명 사람들 마음이 크게 움직일 게다. 이 한 장의 종이가 왜 그토록 온 나라를 들썩이게 했는지 알겠구나."

건네받은 독립 선언서를 다 읽고서 김시범이 말했습니다.

"예, 그날 탑골공원에서 제가 본 광경도 분명 그와 같았습니다."

"오, 그러냐? 한번 자세히 말해 보거라."

"그날 정오에 한 학생이 팔각정 위에 올라섰지요. 그러고는 이걸 꺼내 조심스럽게 읽어 내려갔습니다. 사람들이 점점 몰려들어 공원 안은 이내 수천의 사람들로 발 디딜 틈이 없어졌죠."

"수천이나?"

"예, 그렇습니다. 그가 마지막에 '먼 조상들의 혼령이 우리를 가만히

도우며, 밖으로 온 세계의 형세가 우리를 보호하고 있으니, 시작이 곧 성공이다. 다만, 앞길의 밝은 빛을 향하여 힘차게 나아갈 따름이다.' 하고 외치자, 수천의 함성이 일제히 하늘을 덮었습니다. 그리고 곧 만세가 시작됐습니다. 그때의 감동을 잊을 수가 없어요."

"과연 민족을 살리는 글이로다! 제주 사람들을 모아야겠다. 우리도 만세를 부르러 나가야겠어."

김시범은 3월 21일을 거사일로 정하고 태극기를 만드는 등 준비에 들어갔습니다.

숙부, 조카가 아니라 '동지'　　3월 21일 아침, 조천리 미밋동산에는 김시범과 김장환 등 23명의 거사 동지와 조천리 주민, 그리고 함덕·신촌·신흥 등지의 서당 생도까지 약 150여 명이 모였습니다. 바닷바람이 아직 꽤 차가웠지만 모여든 사람들은 추위를 느낄 겨를이 없었습니다. 거사 동지 김필원이 사람들 앞에서 손가락 끝에 피를 내어 '대한 독립 만세'를 쓰고 맨 먼저 만세를 외쳤습니다.

"대한 독립 만세! 만세!"

사람들은 가슴이 벅차올랐습니다.

"동산을 내려가 거리로 나갑시다!"

"더 많은 사람들과 함께합시다!"

사람들은 다 함께 만세를 외치며 동산을 떠나 행진했습니다. 행렬을 본 주민들이 자연스럽게 시위에 동참하더니 그 수가 어느새 500여 명에 이느녔습니다. 그렇게 오랜 시간 행진을 이어 가던 시위대는 오후 3시께 미밋동산으로 돌아왔습니다.

김시범은 큼직한 태극기가 잘 보이게 꽂고 사람들을 향해 섰습니다.

"지금부터 서울에서 김장환 동지가 가져온 독립 선언서를 제가 읽겠습니다."

아직 독립 선언서를 읽지 못한 사람들은 그 내용이 궁금했습니다. 김시범이 낭독하자 동산을 가득 채운 사람들 모두 숨을 죽이고 귀를 기울였습니다. 독립 선언서의 내용은 하나같이 맞는 말뿐이었지요.

"새봄이 온 세계에 돌아와 만물이 되살아나기를 재촉하는구나. 혹심한 추위가 사람의 숨을 막아 꼼짝 못하게 한 것이 지난 시대의 모습이면, 화창한 봄바람과 따뜻한 햇볕에 왕성한 기운을 떨쳐 펴는 것은 지금의 모습이니, 세계의 새로운 흐름을 탄 우리는 아무 주저할 것도 없으며 아무 거리낄 것도 없도다."

여기저기서 박수와 환호성이 터져 나왔습니다.

"옳소!"

"우리 뜻을 보여 줍시다!"

낭독이 이어지는 동안 사람들은 고개를 크게 끄덕이기도 하고 주먹을 불끈 쥐기도 했습니다. 김시범 또한 낭독 중간중간 눈시울이 뜨거워졌습니다. 사람들 앞에서 독립 선언서를 읽어 내려가는 것이 그렇게 벅차고 감동스러울 수가 없었지요.

낭독을 마친 김시범은 김장환을 동지라 부르며 자기 옆에 세웠습니다.

"끝으로 김장환 동지가 만세를 선창하겠습니다!"

김장환은 숙부인 김시범 옆에 나란히 섰습니다. 그는 서울의 만세 열기를 고향인 제주에서 다시 불러일으켰다는 사실이 무척이나 감격스러웠습니다.

"숙부님……!"

김장환의 마음을 아는 듯 김시범은 그의 손을 힘껏 잡았습니다. 그러고는 김장환의 귀에 대고 속삭였습니다.

"동산이 떠나가도록 외치거라. 동산 아래 일본 군경까지 다 듣게끔 말이다."

"대한 독립 만세!"

김장환의 힘찬 만세 선창에 사람들도 일제히 손을 높이 들고 만세를 외쳤습니다. 시위대는 다시 한 번 행진을 시작했습니다. 이번에는 조천 비석거리를 지나 제주 성내까지 행진하기로 했습니다.

미밋동산의 새 이름 '만세동산'

만세 시위가 일어났는데도 일본 경찰은 여태 아무 움직임이 없었습니다. 오전에 조천에서 만세 행진을 봤지만, 당장은 이를 막을 인력이 부족하다고 판단했기 때문입니다. 그들은 제주의 다른 지역 경찰까지 불러 모은 뒤에야 진압 계획을 세울 수 있었습니다.

시위대는 조천 바로 옆 신촌리에서 각종 무기를 앞세운 경찰과 맞닥뜨렸습니다. 경찰이 휘두르는 몽둥이와 총칼 앞에 시위대는 힘없이 쓰러졌니다. 심시범과 김장환, 김시은, 김연배 등 13명이 체포되어 지서로 끌려갔습니다.

남은 거사 주도자들은 3월 22일부터 24일까지 수백 명의 시위대를 이끌고 조천장터에서 만세 시위를 이어 나갔습니다. 그들은 체포된 동지들의 석방을 요구하며 날이 저물도록 행진했지요. 24일에는 무려 1,500여 명이 시위에 가담해 제주 사람들의 저력을 보여 주었습니다. 이 과정에서 더 많은 사람들이 체포됐습니다. 아쉽게도 조천에서 벌어진 시위는 계속되는 일본 경찰의 진압에 하루 만에 끝났습니다.

그렇지만 조천 만세 운동은 인근 지역뿐 아니라 제주 남쪽의 서귀포

조천 만세 운동을 재현한 모형(제주항일기념관 제공)

등으로까지 확산되었으며, 해녀 항일 운동을 비롯해 제주 지역에서 일어난 민족 해방 운동의 바탕이 되었습니다. 이날부터 제주 사람들은 조천의 미밋동산을 '만세동산'이라고 불렀답니다.

5장

세계를 뒤흔든 한민족의 목소리

용정 3·13 독립 만세 운동과 김약연

조선 독립 축하회를 열자   "선생님, 입 속으로 자꾸 모래가 들어가요. 퉤퉤!"

"옷소매로 코와 입을 가리고 바람을 등지거라. 조금만 더 버티면 종이 울릴 거야."

1919년 3월 13일 아침. 화창하던 하늘이 갑자기 흐려지더니 차고 거센 모래바람이 몰아쳤습니다. 이런 날씨에 중국 용정의 서전평야에는 수많은 한인이 몰려들었지요. 사람들은 궂은 날씨에도 아랑곳하지 않고 12시에 울릴 교회 종소리를 기다렸습니다.

흔히 북간도라 불리는 이곳은 중국 땅이지만 오래전부터 우리 민족의 또 다른 삶의 터전이었습니다. 한반도에서 일본의 탄압이 거세질수록 함경북도 회령 등 가까운 지역에서 주민들이 많이 이주해 와 살았습니다.

용정은 수십만 한인이 무리를 이루어 살던 북간도의 중심이었습니다. '북간도의 대통령'이라 불리던 독립운동가 김약연은 일찍부터 용정에 학교를 세우고 어린이와 청소년의 민족정신을 일깨우고자 애썼습니다. 그는 우리가 잘 아는 윤동주 시인의 외삼촌이기도 합니다.

김약연은 서울이나 평양보다는 늦었지만 북간도에서도 반드시 만세 운동을 일으키겠다고 결심했습니다. 조국을 떠나 살지만 누구보다 강한 민족의식을 키워 온 북간도 사람들은 김약연의 계획에 너나없이 앞장서겠다는 마음이었지요.

"우리는 벌써 준비돼 있습니다. 그런데 어르신."

"얘기해 보게나. 무슨 일인가?"

"서울과 평양에서 독립을 선언했으니, 우리는 독립을 축하하는 대회를 여는 게 어떻겠습니까?"

독립운동가 김약연 선생(규암김약연기념관 소장)

"거참 말이 되네그려! 좋은 생각이야."

북간도의 독립운동가들이 모인 비밀회의에서 누가 이렇게 제안하자 사람들은 무척이나 마음에 들어 했습니다.

"좋습니다!"

"거 좋은 생각이외다!"

사람들의 말을 듣고는 김약연이 말했습니다.

"좋소. 이번 거사를 '조선 독립 축하회'라고 합시다! 세상에서 가장 기쁜 날이니, 북간도의 모든 이들이 다 참여하게 해야겠습니다!"

서전평야에 울려 퍼진 만세의 함성

사람들은 '대한 독립'과 '정의 인도'라고 크게 쓴 깃발 두 개를 가운데에 세우고 둥글게 모였습니다.

3월 13일 12시, 드디어 교회 종소리가 울렸습니다. 이날 서전평야에는 놀랍게도 3만 명이 넘게 모였습니다. 용정에서는 물론이고 몇 백 리 떨어진 먼 마을에서도 한인들이 찾아왔지요. 70~80리 밖에 있는 학생들은 선생님들과 함께 하루 전에 출발하여 밤새 길을 걸었습니다. 명동학교 학생들은 악대를 앞세워 대회장에 도착했고, 용정 시내의 은진중학교를 비롯해 동흥학교, 대성학교 학생들도 모두 나왔습니다.

교회 종소리를 신호 삼아 '간도 거류 조선 민족 일동'이라는 이름으로 '독립 선언 포고문'을 낭독했습니다.

"우리 조선 민족은 민족의 독립, 민족의 자유, 민족의 정의, 민족의 인도를 선언하노라."

3만 군중은 저마다 만들어 온 깃발을 높이 흔들었습니다.

독립 선언 포고문 마지막에는 독립 선언서처럼 공약삼장이 쓰여 있었습니다. 사람들은 공약삼장 하나하나를 마음속에 새기며 주먹을 들고 따라 외쳤습니다.

"우리의 이 거사는 오직 정의로움과 사람다움과 우리의 생존을 위한 민족적인 요구인즉, 다른 민족을 원망하는 마음으로 광분하지 말라!"

"광분하지 말라! 광분하지 말라!"

"최후의 일인까지, 최후의 일각까지 민족의 정당한 의사를 발표하라!"

"발표하라! 발표하라!"

"모든 행동은 반드시 질서를 지켜 우리의 주장과 태도를 분명히 전달할 수 있도록 어디까지나 공명정대하게 하라."

"와! 와!"

"일본은 물러가라!"

"대한 독립 만세!"

포고문 낭독이 끝나자 사람들은 태극기를 흔들며 천지가 들썩이도록 대한 독립 만세를 외쳤습니다.

그날 아침 용정 시내에 있는 800여 채의 한인 가옥마다 태극기가 걸렸습니다. 쉼 없이 몰아치는 모래바람 속에서도 힘차게 펄럭이는 태극기는 사람들에게 기운을 불어넣어 주는 듯했습니다.

독립 축하회를 마친 군중은 '대한 독립'이라고 크게 쓴 깃발을 앞세우고 시위에 들어갔습니다. 명동학교와 정동학교 학생들로 꾸린 320여 명의 '충렬대'가 앞장을 섰지요. 그 뒤에는 북과 나팔을 멘 악대가, 그다음에는 태극기를 든 군중이 뒤따랐습니다. 시위대는 목이 터져라 대한 독립 만세를 외치며 용정 일본 총영사관이 있는 시내 쪽으로 행진했습니다.

항일 독립운동의 본거지가 된 용정

일본은 거사 전날 긴급회의를 열어 "중국 영토 안에서는 중일 친선중국과 일본이 친하게 지냄에 해로운 행동은 마땅히 제지해야 한다."는 성명을 발표했습니다. 이어서 일본은 중국군 맹부덕을 용정촌 군경 총지휘관에 임명했습니다. 그리고 맹부덕에게 군경군인과 경찰을 즉시 파견하여 일본 영사관을 보호하고 조선인들의 거사를 막으라는 지시를 내렸지요. 3월 13일, 중국 군경은 용정 시내의 모든 골목을 엄중히 경계했습니다.

얼마 안 되어 행진해 오는 시위대와 중국 군경이 마주쳤습니다.

"아니, 이렇게까지 많다고는 못 들었는데?"

맹부덕은 거대한 파도와 같은 시위대를 보고 그만 겁에 질리고 말았습니다.

"대장님, 어떻게 할까요? 이 많은 사람들을 몸으로 막아 내기란 불가능합니다!"

"쏴라."

"예?"

"발포하라고! 우리가 깔려 죽게 생겼으니 방법이 없다. 전원 발포하라!"

시위대의 규모에 어쩔 줄 모르던 맹부덕은 결국 발포 명령을 내렸습니다. 한번 시작된 총성은 그치지 않고 한동안 계속 이어졌습니다.

"흩어지시오! 몸을 숨겨요!"

사람들은 중국군의 총부리를 피해 황급히 골목으로 벽 뒤로 몸을 숨겼지만, 워낙 많은 사람들이 뒤를 따르고 있었기 때문에 한꺼번에 도망치기가 쉽지 않았어요. 풀썩, 풀썩, 사람들이 쓰러지기 시작했습니다.

중국군의 무차별 사격으로 17명이 목숨을 잃었습니다. 현장에서 체포된 사람들도 30여 명이나 됐지요.

이날 밤, 만세 시위의 주요 지도자들은 연길에 모여 북간도의 모든 독립운동을 통일하기로 결정했습니다. 또한 시위에서 희생된 분들의 장례식을 3월 17일 국민장으로 치르기로 했습니다.

희생자들의 유해는 5,000여 한인들이 슬퍼하는 가운데 용정 근처 허청리의 양지바른 언덕에 모셨습니다. 그곳은 회령에서 두만강을 건너 용정촌으로 들어가는 큰길가에 있어서, 누구나 참배할 수 있는 순국 묘역이

했습니다.

이날 용정에서 일어난 만세 시위는 만주 지역의 항일 독립운동 역사에 큰 영향을 끼쳤습니다. 이듬해인 1920년 6월 홍범도 장군이 이끈 봉오동 전투도, 같은 해 10월 김좌진 장군이 이끈 청산리 전투도 모두 용정의 만세 운동에서 비롯되었다고 할 수 있습니다.

우수리스크 3·17 독립 선언과 대한국민의회

연해주에 감도는 전쟁의 기운

러시아 영토인 연해주는 중국의 간도와 더불어 일찍부터 많은 한인이 정착한 곳이었습니다. 특히 항구 도시 블라디보스토크에서 한인들은 새로운 한국을 만든다는 뜻을 담아 '신한촌'이라는 거주지를 만들고 서로 의지하며 살았지요. 1909년 안중근이 이토 히로부미를 처단하기 위해 하얼빈으로 가기 전에 머물렀던 곳도 바로 여기입니다. 그런 만큼 연해주 한인의 민족적 자긍심은 대단했습니다.

블라디보스토크의 신한촌 거리

그런데 안중근이 거사가 있은 지 10년 뒤인 1919년, 연해주에는 살벌한 기운이 감돌았습니다. 러시아에서 공산주의 혁명을 일으켜 세운 소비에트 정권과 그에 반대하는 세력이 전쟁을 벌였기 때문입니다.

"무슨 일이 있어도 공산주의자들이 러시아를 손에 쥐게 놔둘 순 없지."

러시아가 주변 나라들까지 공산주의 국가로 만드는 것을 막으려 한 미국, 영국, 일본, 캐나다, 프랑스는 이곳 연해주의 중심인 블라디보스토크에 대규모 연합군 병력을 보냈습니다. 그중에서 가장 규모가 큰 군대를 보낸 나라는 러시아와 지리적으로 가장 가까운 일본이었는데, 병력이 무려 7만 명이나 되었습니다. 이는 연해주에 사는 한인들에게 좋지 않은 상황이었지요.

고국에서 건너온 만세 소식

1919년 3월 8일, 블라디보스토크 항구에 도착한 기선에서 1,000여 명의 한인이 내릴 채비를 하고 있었습니다. 저마다 가족을 찾느라 북적이는 항구에서는 뜻밖의 고국 소식이 오갔습니다. 바로 서울과 평양에서 일어난 3·1운동 이야기였습니다.

"정말이지 대단했어."

"일본인들은 무서워서 집 밖으로 나오지를 못했지."

"일본군도 속수무책이었지요. 그 많은 사람들을 어떻게 다 잡아들이겠어요?"

"이것 봐. 만세 시위 때 나눠 준 독립 선언서야."

　오랫동안 교회와 학교를 중심으로 민족의식을 다져 온 연해주의 한인들은 고국의 만세 운동 소식에 한껏 들떴습니다.

　"우리도 질 수 없지! 신한촌 사람들이 어떤 사람들인데."

　"암, 그렇고말고. 작년에 일본 총영사가 신한촌에 왔을 때 우리 학교 선생님 한 분에게 거금 200루블을 줬는데, 그 선생님이 글쎄 돈을 다 찢어서 불태워 버렸다지 않나."

　"거참, 그런 자질구레한 일이야 말하면 뭐 해. 여기가 바로 안중근 의사가 거사를 준비했던 곳 아닌가!"

　"하하하, 자네 말이 맞네."

　서울과 평양에 이어 간도 용정에서도 만세 시위가 일어났다는 소식이 들려오자 신한촌은 술렁거렸습니다. 주민들은 3월 15일을 거사일로 정히고 블라디보스토크의 모든 한인 가옥에 태극기를 나눠 주었습니다. 그리고 집집마다 5루블씩 독립운동 자금도 모았습니다.

그러나 분위기가 심상치 않았습니다. 러시아 당국은 블라디보스토크 전역에 계엄령을 선포하고 한인들이 주도하는 모든 시위를 금지했습니다. 이런 결정을 내린 배후에는 일본이 있었습니다.

코레아 우라! 거사를 준비하던 한인들은 계획을 바꿔야 했습니다. 3월 17일, 대한국민의회 의장 문창범은 일본의 예상을 깨고 블라디보스토크가 아닌 우수리스크에서 독립 선언서를 발표했습니다. 그는 오후에 다시 블라디보스토크로 와서 러시아어와 한글로 된 독립 선언서를 일본 영사관에 전달했습니다. 그리고 신한촌 청년들과 함께 블라디보스토크에 있는 11개국 영사관과 러시아 관공서 6곳에 독립 선언서를 나눠 주러 다녔습니다.

오후 4시, 신한촌에서는 집집마다 일제히 태극기를 내걸었습니다. 사람들은 태극기를 게양한 뒤 집 밖으로 나왔습니다. 그렇게 모인 사람이 2만여 명이나 되었습니다. 문창범과 몇몇 청년은 자동차 세 대와 마차 두 대에 나누어 탄 후 태극기를 흔들고 독립 선언서를 뿌리며 앞으로 나아갔습니다.

"코레아 우라 한국 만세!"

거리에는 안중근 의사가 이토 히로부미를 저격한 뒤 세 번 외쳤다던 러시아어 만세 소리가 울려 퍼졌습니다.

"독립된 조선에서 살고 싶다!"

"대한 독립 만세!"

일본 총영사는 러시아 사령관에게 문창범을 체포하고 당장 시위를 진압하라고 압력을 넣었습니다. 러시아 관리들은 일본과 외교에 문제가 생겨 일본군이 철수라도 하면 소비에트 정부와 벌이는 전쟁에서 질까 봐 걱정했지요. 러시아 관리들은 시위를 금지하고 학생 몇 명을 체포했습니다. 그리고 한인촌의 태극기를 모두 내리게 했습니다.

이러한 탄압에 항의하기 위해 다음 날인 3월 18일, 블라디보스토크에서는 한인들이 총파업을 했습니다. 한인들은 직장에 나가는 대신 다시 신한촌에 모였지요.

우수리스크와 블라디보스토크에서처럼 연해주의 다른 지역에서도 항일 만세 시위가 연달아 일어났습니다. 일본은 시위가 폭동과 테러로 이어질까 봐 긴장을 늦추지 못했습니다.

4월 9일, 드디어 우수리스크에서 수천 명의 한인이 참가한 가운데 독립 축하회가 치러졌습니다. 이때 러시아 지방 장관이 축사를 하고 러시아인들도 시위에 참여하는 등 감동적인 장면이 연출되었습니다. 그런데 일본군의 총격으로 한인 여러 명과 러시아인 일고여덟 명이 부상을 입었습니다. 한인들의 연이은 시위로 일본군이 얼마나 조바심이 났는지 보여 주는 사건이었지요.

이렇게 만세 시위를 벌인 뒤에도 연해주의 한인들은 임시 정부를 세울 때나 독립군이 항일 무장 투쟁을 벌일 때 중요한 역할을 맡았습니다.

가장 늦은 3·1운동, 미국 캘리포니아와 뉴욕

해외에서 유일하게 3·1운동 1주년 기념행사를 하다

"아빠, 밖을 보세요! 흰 옷을 입은 여자들과 검은 옷을 입은 남자들 수백 명이 행진하고 있어요!"

"정말 장관이구나! 행진을 알리는 전단을 보긴 했다만, 사람들이 이렇게나 많이 모일 줄은 몰랐는걸!"

"무슨 일이에요, 여보?"

"한국 사람들이에요. 일본의 식민지가 된 조국의 독립을 위해 모였다는군요."

"아, 굉장한 행렬이네요!"

"그러게요. 나라를 잃은 사람들은 어떤 심정일까요? 사람들 표정이 하

간이 비장해 보여요."

1920년 3월 1일 정오, 미국 캘리포니아의 작은 도시 디누바에는 약 350명의 한인이 모여 3·1운동 1주년 기념행사를 열었습니다. 그때 지역 신문에서는 이들의 모습을 사진과 함께 자세히 보도했습니다.

한인들은 아침 10시에 모여 밤까지 기념행사를 열었습니다. 여성들은 흰 옷을, 남성들은 검은색 정장을 입고 늘어선 가운데, 대한 제국의 군인 복장을 한 대표가 말에 올라타고 독립 선언서를 낭독했습니다.

시위대가 자동차 수십 대를 앞장세우고 대형 태극기와 성조기를 함께 펄럭이며 행진하는 광경은 웅장하기 그지없었습니다. 그 무렵 이 지역에 거주하던 한인이 500명 정도였으니, 거의 대부분이 시위에 참가한 셈이었습니다.

1920년 국내에서는 3·1운동 주도자 체포, 고문, 학살 등 일본의 보복이 계속되었기 때문에 더는 만세 시위를 이어 갈 수 없었습니다. 3·1운동 1주년을 기릴 수 있는 상황은 더더욱 아니었지요. 그러나 미국의 한인들은 이를 당당하게 기념해 조선이 독립국이라는 사실을 미국과 세계 언론에 알렸습니다.

캘리포니아의 애국 한인들 미국 캘리포니아주의 서로 인접한 작은 도시 리들리와 디누바에는 한인들이 모여 살았습니다. 이들은 본래 1903년부터 조선에서 하와이로 이주한 사람들이었습니다. 하와이 사탕수수 농장에서 일하다가 더 나은 삶을 위해

대한독립만세 태극기(독립기념관 소장)
해방 전에 미국에서 만들어진 것으로 미국 대학 깃발 모양을 하고 있다.
미국에서 일어난 독립운동을 보여주는 유물이다.

미국 본토의 캘리포니아로 집단 이주한 것이지요. 이들은 조선을 떠나 있었지만 늘 조국의 현실을 안타까워하며 독립을 위해 성금을 내거나 단체에서 활동하며 살았습니다.

리들리와 디누바는 1908년 전명운과 장인환이 대한 제국의 외교 고문 스티븐스를 저격한 샌프란시스코와도 그리 멀지 않습니다.

을사조약 이후 스티븐스는 "조선인들은 대체로 일본이 보호해 주는 것을 환영하는 분위기"라거나, "을사조약은 미개한 조선인을 위해 이루어진 조치였다.", "조선인은 독립할 자격이 없는 무지한 민족이다."라는 친일적인 망언을 일삼았지요.

이에 분노한 전명운과 장인환이 각자 한날한시에 스티븐스를 암살하려는 계획을 세웠습니다. 그리고 두 사람 가운데 장인환이 암살에 성공했습니다. 이 사건은 이듬해에 안중근이 이토 히로부미를 암살하는 데 큰 영향을 끼쳤다고 전해집니다. 재판 결과 전명운은 풀려났지만 장인환을 25년 형을 선고받았는데, 이때 피들러와 디투비의 한인들이 성금을 모아 장인환이 미국 변호인을 선임할 수 있게끔 도왔습니다.

뉴욕의 심장에서 외친 만세 삼창

1차 세계 대전이 끝나 갈 무렵 윌슨 대통령이 민족 자결주의를 발표하자 미국에 사는 한인들도 조국 독립의 희망을 품었습니다. 한인 단체들은 1918년 뉴욕에서 열린 '소약국회의'에 참가하기로 했습니다. 소약국회의란 조선과 비슷한 처지에 놓인 세계의 여러 약소민족이 민족 자결주의를 주장하고, 다가오는 평화의 시대에 목소리를 내고자 개최한 회의였습니다. 그에 앞서 한인 단체들은 민족 자결의 원칙이 조선에도 적용되어야 한다고 주장하고, 파리 강화 회의에 대표를 파견하기로 뜻을 모았습니다.

이 소식이 일본에까지 알려지자 조선인 유학생들도 자극을 받아 이듬해인 1919년에 2·8 독립 선언을 하기에 이릅니다. 또한 뉴욕 한인 교회 신자 김마리아는 2·8 독립 선언서를 국내로 들여오다가 체포되어 투옥당했지요. 재미 한인들은 3·1운동 전후로 이렇게 큰 역할을 했답니다.

재미 한인들의 노력은 이에 그치지 않았습니다. 3·1운동 2년 후인 1921년, 뉴욕 맨해튼에서는 100여 명의 한인과 1,000여 명의 다른 민족이 함께 모여 조선의 독립을 기원하는 '한인연합대회'를 열었습니다.

"뉴욕의 심장 맨해튼에서 이렇게 외치노라! 대한 독립 만세! 만세! 만세!"

그날 모인 사람들 1,300여 명은 조선의 독립을 염원하며 다 함께 만세 삼창을 했습니다. 3·1운동 이후 힘을 얻은 한인 사회가 노력 끝에 얼마나 많은 지지자를 모았는지 보여 주는 행사였습니다.

6장

대한민국 임시 정부의 탄생

우리가 나라의 주인이다!

왕이냐 국민이냐   한반도뿐 아니라 해외에까지 널리 퍼진 3·1운동의 물결은 우리 민족의 독립 의지를 보여 준 쾌거이자 감동을 준 사건이었습니다. 사람들은 만세를 외치면서 나 스스로가 세상을 바꿀 주인이며, 평화로운 외침이 무력을 앞세운 일제에 오히려 더 큰 두려움을 줄 수 있다는 점을 깨달았습니다. 나아가 전 세계가 우리를 주목한다는 사실도 말이죠.

그러나 이와 동시에 민족 운동을 이끌 통일된 조직이 없는 탓에 만세 운동이 단순히 만세 시위로 끝나 버렸다는 한계도 절실히 깨달았습니다. 나라를 되찾으려면 그다음 단계로 이어질 무언가가 반드시 필요했지요. 우리에게 필요한 것은 한민족을 이끌고 일제와 싸우면서 독립의 뜻을 공식적으로 다른 나라에 알릴 정부였습니다.

그런데 우리는 일제에 나라를 빼앗기기 전까지만 해도 왕이 다스리는 나라였습니다. 조선이 대한 제국으로 이름을 바꾸고 고종은 황제가 되었지만, 여전히 고종과 대신들과 양반 출신 관리들이 나라를 다스렸지요. 하지만 미국, 프랑스 등 서양의 여러 나라는 국민이 선거를 통해 나라의 대표와 관리를 뽑는 민주주의 국가였습니다. 서재필을 비롯한 몇몇 지식

인은 민주주의 국가의 제도와 원리를 연구해야 한다고 생각했지만, 일제에 나라를 빼앗기면서 우리 스스로 정치의 발전 방향을 결정하고 시행할 기회를 잃고 말았습니다.

3·1운동이 일어나기 전까지 독립운동의 흐름은 자연스럽게 두 갈래로 나뉘었습니다. 유림을 중심으로 한 양반들은 대체로 국권을 되찾으려면 왕이 나라의 중심이 되어야 한다고 믿었습니다.

"일제에 의해 부당하게 쫓겨난 고종 황제를 다시 모시고 나라를 되찾아야 한다! 그것이 충이고 의리다."

"충신으로 남을 것이냐, 역적으로 남을 것이냐? 황제 폐하를 위하고 도탄에 빠진 백성을 구해 내자!"

개화기에 서양 문물을 배척하고 전통 사상을 중요하게 여기면서 의병 운동을 일으켰던 양반들은 독립을 이루더라도 대한 제국을 되살리기를 원했습니다.

다른 한편에서는 대한 제국은 이미 역사 속으로 사라진 나라이며, 왕이 아닌 국민이 주인이 되는 새로운 나라를 만들어야 한다고 주장했습니다. 주로 외국 유학을 다녀오거나 세계의 변화에 관심이 많은 이들이 그렇게 주장했지요.

"우리가 일제에 나라를 빼앗긴 이유는 무능한 황제와 대신들이 나라를 다스린 탓이다. 또한 지금 세계 각국에서는 깨우친 국민이 스스로 대표를 뽑아 나라의 일을 결정하는 추세이니, 우리도 마땅히 이런 점을 받아들여야 나라를 되찾을 수 있다!"

1910년에 나라를 빼앗긴 뒤 독립운동 세력은 왕이냐 국민이냐를 놓고 두 세력으로 나뉘어 서로 화합하기 어려웠습니다. 사람들도 누구를 따라야 할지 갈팡질팡했습니다. 이 말을 들으면 이 말이 맞고, 저 말을 들으면 저 말이 맞는 것 같았습니다.

"황제 폐하께서 살아 계신데도 감히 그런 말을 입 밖에 내다니, 참으로 불충한 자들이다. 영국과 일본을 보아라. 그들도 왕이 있지만 국력이 강하지 않은가? 황제 폐하를 중심으로 뭉쳐야만 독립을 이룰 수 있다."

"왜 우리의 미래를 남에게 맡기려 하는가? 사람은 누구나 평등하다. 모두가 주인인 나라가 되어야 더없이 강해지고 독립 또한 이룰 수 있다. 국민 스스로가 주인이라고 깨달은 프랑스가 유럽의 모든 왕정 국가를 이긴 사실을 보지 못했는가!"

그러나 이런 논란은 금세 가라앉았습니다. 3·1운동이 일어났기 때문입니다. 전국 각지에서 학생, 농민, 노동자 등이 발 벗고 나서서 만세를 불렀습니다. 스스로 주인임을 깨닫고 저항할 때 얼마나 강해지는지를 모두 경험했습니다. 또한 독립운동을 하는 이유는 국민이 주인인 나라를 만들기 위해서라는 사실을 분명히 알았습니다. 그리하여 곧 임시정부를 세우면서 사람들의 뜻이 실현되어 갔습니다.

임시 정부, 국민의 꿈을 담다

뜨거운 만세 함성이 한 달 넘게 전국에 울려 퍼지던 4월 17일, 평양 길거리에는 누가 뿌렸는지 알 수 없는 전단이 흩어져 있었습니다.

"신한민국 정부? 이거 또 임시 정부를 알리는 전단 아냐? 이번에는 누구 이름이 있을까?"

"집정관 이동휘, 국무총리 이승만, 외무부장 박용만, 재무부장 이시영, 교통부장 문창범, 노동부장 안창호 라……. 이거 대단한데? 정말 이대로만 된다면 얼마나 좋을까?"

"그러게 말일세. 그러고 보니 지난주에 경성에서는 조선민국 임시 정부의 전단이 돌았대. 정도령 손병희, 부도령 겸 내각총무경 이승만, 외무경 민찬호, 학무경 안창호의 이름이 있었다는군."

"어떤 정부가 만들어질지 기대되는구먼. 경찰이 오기 전에 어서 주워 가서 동네 사람들과 이야기해 보세."

3·1운동 이후 국내외에는 임시 정부가 생겨났다고 알리는 소식이 앞다투어 들려왔습니다. 신한민국 정부, 조선민국 임시 정부 말고도 고려공화국, 간도 임시 정부 등 지금까지 전해지는 것만 7개 정도입니다. 주로 전단을 통해 사람들에게 알려졌기 때문에, 훗날 학자들

은 이 정부를 '전단 정부'라 일컬었습니다.

전단 정부는 사람들의 바람을 담은 정부 구성안이었습니다. 전단에 정부 요인으로 등장하는 사람들이 직접 참여했다기보다는, 그들이 함께해 주기를 원하는 마음이 담긴 경우가 많았습니다. 전단에는 그들의 이름과 함께 동양 평화와 전쟁 반대 같은 내용도 담겨 있었습니다. 그리고 대부분의 전단이 민주주의 국가를 만들자고 주장했습니다.

대한민국 임시 정부의 탄생

전단 정부 중에는 실제로 꾸려진 정부도 있었습니다. 국내의 한성 임시 정부, 러시아 블라디보스토크의 대한국민의회, 그리고 중국 상하이의 대한민국 임시 정부입니다.

이 중에서 가장 먼저 설립된 것은 러시아 블라디보스토크의 대한국민의회입니다. 블라디보스토크에는 1850년대부터 이주한 한인이 벌써 10만 명을 넘어섰습니다. 3월 17일 연해주의 독립운동가들은 3·1운동의 정신을 이어받아 문창범을 의장으로 대한국민회의를 세웠는데, 여기에는 이동휘와 김철훈 같은 쟁쟁한 독립운동가들이 참여했습니다.

4월 11일에는 중국 상하이에서 안창호를 중심으로 정부를 구성했습니다. 이 정부에서는 국무총리 이승만, 내무총장 안창호, 외무총장 김규식, 군무총장 이동휘, 재무총장 최재형, 법무총장 이시영, 교통총장 문창범 등이 임명되었습니다.

뒤이어 국내에서는 4월 23일 국민대회가 끝난 뒤 한성 임시 정부가 들어섰습니다. 이곳에서는 집정관총재 이승만, 국무총리총재 이동휘, 외무부총장 박용만, 재무부총장 이시영, 교통부총장 문창범, 노동국총판 안창호 등이 뽑혔습니다.

세 정부의 주요 인물은 겹치는 경우가 많았습니다. 유명한 독립운동가가 함께해야 임시 정부의 정당성이 커지고 대중의 지지를 받을 수 있어, 당사자의 뜻과 상관없이 임명하기도 했기 때문입니다.

그러나 임시 정부가 셋일 수는 없었습니다. 항일 운동을 효과적으로

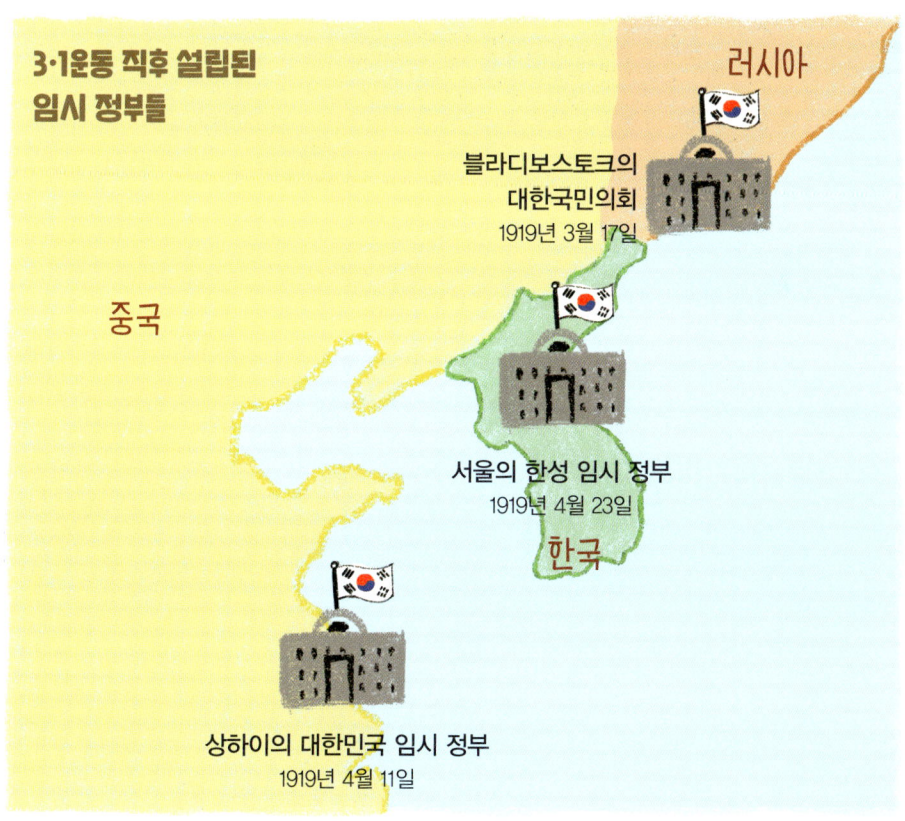

대한민국 임시 정부 국무원 성립 기념사진(독립기념관 소장)

펼치려면 통합된 정부가 필요했습니다. 세 정부가 통합 정부를 만들기 위해 노력을 기울인 결과, 1919년 9월 상하이에서 드디어 대한민국 임시 정부가 탄생했습니다.

통합된 대한민국 임시 정부가 탄생하다

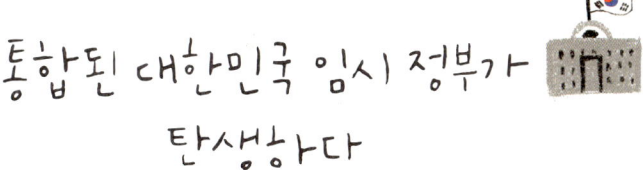

**임시 정부를
어디에 세워야 할까**

"통합된 임시 정부의 국호는 지난 4월부터 사용하던 '대한민국'으로 결정하겠소. 다른 의견은 없으시지요?"

"물론입니다. 한성 임시 정부와 대한국민의회는 따로 국호를 정한 바 없으니 대한민국을 그대로 쓰는 것이 옳습니다."

1919년 상하이의 여름은 독립운동을 이끌 새로운 정부를 만드는 열기로 뜨거웠습니다. 국내, 만주, 연해주, 미국 등지에서 모인 독립운동가들은 매일같이 토론하며 의견을 하나로 모아 갔습니다.

"정부를 대표할 인물들도 확정해야 합니다. 한성 임시 정부는 국내에서 국민 대회를 통해 만들어졌기 때문에 정통성이 있고, 이승만 박사는 이미 미국에서 외교 활동을 하지 않았습니까? 그러니 한성 임시 정부 안을 토대로 논의하는 게 어떻겠소?"

"우리 상하이 임시 정부는 한성 임시 정부와 의견 일치를 보았으니 대한국민의회의 의견을 듣고 싶습니다."

"국내외 인물들이 고루 분포된 한성 임시 정부의 안을 기본으로 하는 데 찬성하오. 이동휘 선생, 문창범 선생 등 우리 연해주 지역의 지도자까

임시의정원 태극기
(대한민국역사박물관 소장)
대한민국 임시 정부와 임시의정원에서 사용한 태극기이다. 제15대 임시의정원 의장 김봉준의 부인 노영재 여사가 직접 바느질하여 만들었다.

지 배려해 주신 안이니 그것을 토대로 회의를 합시다."

"좋습니다. 그럼 협의 후 헌법을 개정하여 결정짓도록 하겠습니다."

국내와 연해주, 상하이에 각각 만들어진 세 정부가 통합하는 과정에서 가장 중요한 문제는 누가 정부를 이끌고 갈 것인지, 국호는 무엇으로 하며 본부는 어디에 둘 것인지였습니다. 국호 문제와 정부 구성안은 큰 걸림돌 없이 넘어갔지만, 정부의 위치를 둘러싸고는 의견이 나뉘었습니다.

"임시 정부라 해도 동포들과 함께해야 의미가 있고, 필요할 때 서로 도움을 주고받으려면 동포들이 가장 많은 연해주나 만주가 유리합니다. 여기에는 수십만 명의 동포가 살고 있지 않습니까?"

"아닙니다. 우리 정부의 가장 중요한 목적은 국제 사회에서 정식 정부로 인정받는 것이니, 오히려 서양의 여러 나라와 외교 활동을 할 수 있는 상하이가 적절합니다. 여기에서는 일제도 함부로 굴지 못할 것입니다."

치열한 논의 끝에 대한민국 임시 정부는 상하이에 거점을 두고, 상하이 임시 정부의 헌법을 개정해 다른 임시 정부를 통합하기로 했습니다. 이 과정에서 일부 독립운동가가 뜻을 달리했지만, 1919년 9월 11일 헌법을 제정·공포함으로써 명실공히 우리나라를 대표하는 새로운 통합 정부가 탄생했습니다.

"임시 정부의 문지기가 되고 싶소"

3·1운동 이후 상하이로 건너가 독립운동에 뛰어드는 사람은 하루가 멀다 하고 늘어났습니다. 그중에는 백범 김구도 있었습니다.

어느 날 김구는 상하이의 임시 정부 청사로 가서 예전부터 친분이 있던 도산 안창호를 찾았습니다.

"도산 선생, 들어가도 되겠습니까?"

"오랜만입니다, 백범! 어디서 뭐 하고 지내셨소. 그러잖아도 소식이 궁금했는데……. 그나저나 여기에는 어쩐 일이시오?"

"긴말 않겠습니다. 저를 정부의 문지기로 써 주십시오!"

"아니, 갑자기 문지기라니요? 나라를 위해 함께하시겠다는 뜻은 잘 알겠습니다만, 문지기라니 무슨 말씀입니까?"

"저는 오래전부터 정부가 생기면 정부의 뜰을 쓸고 문을 지키는 문지기가 되는 것이 소원이었습니다. 이곳 상하이에 독립운동을 위한 정부가 생겼으니 저는 소원대로 하고 싶을 뿐입니다. 도산 선생, 부디 제 뜻을 받아주시오."

"어허, 그 뜻이 대단합니다. 역시 백범이에요. 백범의 뜻은 받겠지만 문지기는 더 생각해 봅시다. 내가 다른 동지들과 의논해 보리다. 내일 다시 얘기해도 괜찮겠지요?"

"그럼요. 정말 고맙습니다. 열심히 일하겠습니다."

그때 내무총장을 맡았던 안창호는 백범의 뜻을 높이 사고, 그가 할 수 있는 가장 적절한 일이 무엇일까 고민했습니다.

"백범의 이야기는 들었네만, 그 사람은 너무 과격하지 않은가? 독립운동을 하려면 조심성이 있어야 하는데, 의로운 일이라면 물불을 가리지 않는 성미여서 말일세."

"그도 그렇지만 문지기라니요. 아무리 백범이 원한다 해도 그건 아닌 듯합니다. 도산의 생각은 어떤지요?"

"제 생각에는 우리 정부의 중요 인물을 보호하며 밀정을 잡는 일이 백범에게 알맞지 않을까 싶습니다. 그의 강단은 모두 아는 바이고, 성미는 조금 급하지만 입이 무겁고 행동도 확실하니, 그것을 장점으로 살리면 정부에 크게 도움이 될 듯합니다."

"도산의 말씀은 백범을 경무국장지금의 경찰청장에 앉히자는 것입니까? 다른 분들의 의견은 어떻습니까?"

"사람 보는 안목이야 도산이 우리 중 최고 아닙니까. 나는 도산의 뜻에 따르겠소."

다음 날 안창호를 만난 김구는 눈이 휘둥그레졌습니다.

"경무국장이라니요? 저는 결코 그런 중책을 맡을 인물이 못 됩니다. 솔직히 말씀드리면, 순사 시험조차 붙지 못한 제가 경무국장이 되면 정부의 위신만 깎일 뿐입니다!"

"아닙니다. 일제의 방해를 물리치고 한시바삐 정부의 기틀을 잡기 위해서라도 백범처럼 강단 있는 인물이 필요하오. 진심으로 그대가 필요해 부탁하는 것이니, 사양하지 말아 주시오!"

거듭 사양하던 김구도 안창호의 간곡한 요청에 더는 거절할 수 없었습니다.

"정말 고맙습니다. 생각지도 못한 경무국장 자리이지만, 제게 맡겨진 임무를 해내겠습니다. 결코 흔들리거나 물러서지 않고, 우리 대한민국 임시 정부를 지켜 내겠습니다. 지켜봐 주십시오!"

**독립을 이룰 때까지
결코 멈추지 않는다**

백범 김구는 다른 사람들보다 늦게 임시 정부에 참여했지만 누구보다 강렬한 독립 의지에 불탔습니다. 3년 동안 경무국장을 지내며 일제의 간섭을 막고 수많은 밀정과 배신자를 처단하며 임시 정부를 지켰습니다.

그러나 백범의 활약이 무색하게 임시 정부는 독립운동의 방법과 주도권을 둘러싸고 싸움이 일어난 탓에 무너지기 시작했습니다. 특히 대통령 이승만과 국무총리 이동휘의 갈등이 임시 정부를 위태롭게 했으며, 독립운동 지도자들은 서로 자기 의견만 밀어붙이다가 등을 돌렸습니다.

이 문제를 해결하고자 1923년 국민대표회의를 열었지만 상황은 더욱 나빠져서 이승만·이동휘 등 대부분의 지도자가 정부를 떠났습니다. 게다

가 남은 사람들마저 민족주의 진영과 사회주의 진영으로 분열했습니다. 이런 정부를 다른 나라들이 인정할 리 없었습니다.

"도산 선생, 우리는 이제 어떡해야 합니까? 이대로는 정부를 유지하기는커녕 월세조차 내지 못할 지경입니다."

"백범, 우리 조금만 더 버텨 봅시다. 쥐구멍에도 볕 들 날 있다지 않소. 계속 사람들을 설득해 볼 테니 그대도 힘을 잃지 마시오."

"도산 선생, 모두 떠난다 해도 나는 이 정부를 반드시 지킬 것입니다. 다들 너무합니다. 어떻게 만든 정부인데 이렇게 쉽사리 외면할 수 있습니까? 하지만 제게 뜻이 있으니 믿어 주십시오. 기필코 임시 정부를 지키고, 우리가 살아 있음을 일제에 똑똑히 알려 주겠습니다!"

1931년, 김구는 일본의 중요한 인물을 암살하기 위해 한인애국단이라는 비밀 조직을 만들었습니다. 그리하여 이듬해 1월 도쿄에서는 이봉창이 일본 왕에게 폭탄을 던지고, 4월에는 상하이 훙커우공원에서 윤봉길이 일본군 최고 사령관에게 폭탄을 던지는 쾌거를 이뤄 냅니다. 특히 윤봉길의 의거는 큰 성공을 거두며 세계를 놀라게 했습니다. 중국의 지도자 장제스는 윤봉길과 한인애국단 단장인 김구를 크게 칭찬하며 임시 정부의 항일 활동을 적극 돕겠다고 약속했습니다.

이로써 대한민국 임시 정부는 활력을 되찾았고, 김구가 앞장서서 정부를 이끌어 갔습니다. 비록 일제에 쫓겨 상하이, 항저우, 충칭 등으로 위치를 여러 차례 옮겨야 했지만 임시 정부는 해방을 맞이하는 순간까지 포기하지 않고 꾸준히 독립운동을 펼쳤습니다.

통일을 위한 새로운 만세를 부르자

1945년 8월 15일은 일제 강점기가 끝난 날이지만 또 다른 문제가 시작된 날이기도 했습니다. 8·15해방 이후 우리나라는 새로운 국가 건설을 두고 공산주의를 주장하는 좌익과 자유 민주주의를 주장하는 우익으로 갈라져 서로 주장을 굽히지 않았습니다. 이런 상황에서 해방 이후 처음 맞이한 삼일절 기념식은 몇 년 후의 분단을 예고하는 것만 같았습니다.

1946년 3월 1일, 삼일절 기념행사가 종각과 서울운동장예전의 동대문운동장에서 열렸습니다.

"국내에서 힘겹게 일제 강점기를 견뎌 낸 사람들과 해외에서 독립운동을 하던 사람들이 모두 같은 태극기 아래 모여 3·1운동을 자유롭게 축하하기는 27년 만에 처음이오. 이 같은 자유를 얻은 것은 연합국이 2차 세계 대전에서 일본을 이긴 결과이니……."

"와아! 삼일 혁명 만세! 기미 독립운동 만세!"

해외에서 귀국한 이승만 박사의 삼일절 기념식 개회사에 종각 일대가 함성으로 가득 찼습니다. 이어 김구의 축사가 울려 퍼졌습니다.

"3·1운동이 위대한 까닭은 모두 하나가 되었기 때문입니다. 지역과 신분, 종교와 생각의 차이를 넘어 오직 나라와 겨레의 독립과 자유를 찾자는 뜨거운 마음으로 참여했기 때문입니다……."

1946년 3월 1일, 해방 후 첫 삼일절 기념식에서 연설하는 백범 김구

독립운동에 몸바친 각계각층의 인사가 한자리에 모였습니다. 보신각 종이 울리고 이승만 박사가 개회를 알렸습니다. 민족 대표 33인 중 한 명인 오세창 선생의 독립 선언서 낭독에 이어 김구 선생이 축사를 했습니다. 그 후 덕수궁에서 여학교 합창 경연 대회 등 다채로운 문화 예술 행사가 온종일 이어졌습니다. 서울운동장에 모인 수십만 인파는 대회가 끝나고 거리 행진을 벌였습니다.

그런데 같은 날 남산공원에서 또 하나의 삼일절 기념식이 열렸습니다. 남산공원에서 열린 기념식에 참석한 수만 명은 조선공산당 당원을 비롯한 좌익 계열 사람들이었습니다.

"3·1운동은 일본 제국주의에 정면으로 반항하는 해방 운동의 봉화였으며, 삼천리 방방곡곡에서 일어난 독립 만세는 자유를 부르짖는 삼천만 민족의 외침이었다. 이것을 지도하고 조직할 주체가 결여되었으며 민중

생활과 요구를 운동에 연결하지 못한 탓에 3·1운동은 실패로 돌아갔지만 조선 해방 운동의 역사에서 3·1운동의 의의는 실로 위대하다."

좌익을 대표하는 연사들은 우익이 주장하는 3·1운동의 계승보다는 3·1운동의 한계를 극복하는 것이 더 중요하며, 그러기 위해 인민 민주주의 국가를 세워야 한다고 주장했습니다.

해방 후 처음 맞이하는 삼일절인 만큼 좌우익 구분 없이 기념식을 함께 열려고 했지만, 끝내 이념의 차이를 극복하지 못하고 이렇게 기념식을 따로따로 열었던 것입니다.

이듬해인 1947년에도 삼일절 기념행사는 좌우로 나누어 치렀습니다. 그런데 이때 거리 행진 도중 전국 곳곳에서 충돌이 빚어져 수십 명이 죽고 다치는 사고가 일어났습니다. 제주도에서는 행진을 구경하던 어린아이가 기마경찰이 탄 말에 차여 다쳤는데, 이에 항의하던 도민들을 폭도로 오해한 경찰의 발포로 삼일절 기념행사 도중 사람들이 죽는 어이없는 사건까지 벌어졌습니다. 이는 제주 4·3사건의 도화선이 되었습니다.

즐거워야 할 삼일절 기념식이 좌우의 대립 때문에 오히려 끔찍한 날이 되었고, 해마다 삼일절이 다가오면 거리에는 긴장과 슬픔이 흘렀습니다. 좌우 대립으로 인해 1948년에는 결국 남북한에 각각 다른 정부가

세워졌고, 2년 뒤에 6·25전쟁이라는 한민족 최대의 비극이 시작되었습니다.

시간은 흘러 2019년. 3·1운동 100주년을 맞아 남북한은 평화로운 미래를 위해 머리를 맞댔습니다. 서로 미워하며 등지고 달려온 시간이 너무나 길지만, 우리 민족의 마음은 어쩌면 처음부터 같았는지도 모릅니다. 1919년 3월 1일, 누가 시키지 않았어도 모두 한마음 한뜻으로 만세를 외치며 더욱 자유롭고 행복한 미래를 꿈꾸었듯, 이제는 새로운 시대의 만세를 남북한이 함께 불러야 하지 않을까요? 해방 이후의 실수를 다시는 반복하지 않을 때 우리는 진정한 3·1운동 100주년을 기념하고 누릴 수 있을 테니까요.

3·1운동의 불씨, 독립 선언서를 지켜라!

2019년 2월 21일 1판 1쇄
2020년 10월 30일 1판 2쇄

지은이 이기범·김동환 | 그린이 윤정미

편집 강변구, 이진, 이창연 | 디자인 자자주
제작 박홍기 | 마케팅 이병규, 양현범, 이장열 | 홍보 조민희, 강효원

인쇄 코리아피앤피 | 제책 J&D바인텍

펴낸이 강맑실 | 펴낸곳 (주)사계절출판사 | 등록 제406-2003-034호
주소 (우)10881 경기도 파주시 회동길 252
전화 031) 955-8588, 8558
전송 마케팅부 031) 955-8595 편집부 031) 955-8596
홈페이지 www.sakyejul.net | 전자우편 skj@sakyejul.com | 블로그 skjmail.blog.me
페이스북 facebook.com/sakyejul | 인스타그램 instagram.com/sakyejulkid

ⓒ 이기범, 김동환, 윤정미 2019

값은 뒤표지에 적혀 있습니다. 잘못 만든 책은 구입하신 서점에서 바꾸어 드립니다.
사계절출판사는 성장의 의미를 생각합니다. 사계절출판사는 독자 여러분의 의견에 늘 귀 기울이고 있습니다.
이 책은 저작권법에 따라 보호받는 저작물이므로 무단전재와 무단복제를 금합니다.

ISBN 979-11-6094-440-2 74900
ISBN 978-89-5828-647-9 (세트)

이 도서의 국립중앙도서관 출판예정도서목록(CIP)은 서지정보유통지원시스템 홈페이지(http://seoji.nl.go.kr)와
국가자료공동목록시스템(http://www.nl.go.kr/kolisnet)에서 이용하실 수 있습니다.(CIP제어번호: CIP2019004428)